AKAD University Edition

Herausgegeben von
R.A. Fürst, Stuttgart, Deutschland
T. Bügner, Stuttgart, Deutschland
W. Frohberg, Stuttgart, Deutschland

Seit über 55 Jahren bietet die AKAD University Berufstätigen ein flexibles, individuelles und effizientes Fernstudium neben dem Beruf. Dabei verbindet sie in vielen Studienrichtungen und Studiengängen Wissenschaft, Praxisbezug und Digitalisierung. Anwendungsorientierte Forschung und neue Praxisherausforderungen bilden die Leitlinien der **AKAD University Edition:** In der Buchreihe werden aktuelle Forschungsfragen mit Blick auf Anwendungsorientierung aufgegriffen und erörtert.

Herausgegeben von
Prof. Dr. Ronny A. Fürst
Prof. Dr. Torsten Bügner
Prof. Dr. Wolfgang Frohberg

Weitere Bände dieser Reihe finden Sie unter:
http://www.springer.com/series/15688

Bettina Zeiler

Beschwerdemanagement im B2B-Bereich

Eine empirische Erhebung in modernen Technologieunternehmen

Bettina Zeiler
Dachau, Deutschland

AKAD University Edition
ISBN 978-3-658-17525-2   ISBN 978-3-658-17526-9   (eBook)
DOI 10.1007/978-3-658-17526-9

Die Deutsche Nationalbibliothek verzeichnet diese Publikation in der Deutschen Nationalbibliografie; detaillierte bibliografische Daten sind im Internet über http://dnb.d-nb.de abrufbar.

© Springer Fachmedien Wiesbaden GmbH 2017
Das Werk einschließlich aller seiner Teile ist urheberrechtlich geschützt. Jede Verwertung, die nicht ausdrücklich vom Urheberrechtsgesetz zugelassen ist, bedarf der vorherigen Zustimmung des Verlags. Das gilt insbesondere für Vervielfältigungen, Bearbeitungen, Übersetzungen, Mikroverfilmungen und die Einspeicherung und Verarbeitung in elektronischen Systemen.
Die Wiedergabe von Gebrauchsnamen, Handelsnamen, Warenbezeichnungen usw. in diesem Werk berechtigt auch ohne besondere Kennzeichnung nicht zu der Annahme, dass solche Namen im Sinne der Warenzeichen- und Markenschutz-Gesetzgebung als frei zu betrachten wären und daher von jedermann benutzt werden dürften.
Der Verlag, die Autoren und die Herausgeber gehen davon aus, dass die Angaben und Informationen in diesem Werk zum Zeitpunkt der Veröffentlichung vollständig und korrekt sind. Weder der Verlag noch die Autoren oder die Herausgeber übernehmen, ausdrücklich oder implizit, Gewähr für den Inhalt des Werkes, etwaige Fehler oder Äußerungen. Der Verlag bleibt im Hinblick auf geografische Zuordnungen und Gebietsbezeichnungen in veröffentlichten Karten und Institutionsadressen neutral.

Gedruckt auf säurefreiem und chlorfrei gebleichtem Papier

Springer ist Teil von Springer Nature
Die eingetragene Gesellschaft ist Springer Fachmedien Wiesbaden GmbH
Die Anschrift der Gesellschaft ist: Abraham-Lincoln-Str. 46, 65189 Wiesbaden, Germany

Vorwort der Herausgeber

In der Antike war „Forum" die Bezeichnung für eine Platzanlage und einen Versammlungsort, an dem Meinungen ausgetauscht wurden. Heute geschieht dies zunehmend virtuell, z. B. in Internetforen. Geblieben aber ist die Idee des Austauschs, von Fragen und Antworten, von Erörterung und Diskurs.

In diesem Sinne entstand auch das AKAD Forum, das jährlich an der AKAD University ein aktuelles Thema aufgreift und den Grundstein für die AKAD Buchpublikationen legte. Seit über 55 Jahren bietet die AKAD University Berufstätigen ein flexibles, individuelles und effizientes Fernstudium neben dem Beruf. Dabei verbindet sie in vielen Studienrichtungen und Studiengängen Wissenschaft, Praxisbezug und Digitalisierung. Anwendungsorientierte Forschung und neue Praxisherausforderungen bilden die Leitlinien der *AKAD University Edition*: In der Buchreihe werden aktuelle Forschungsfragen mit Blick auf Anwendungsorientierung aufgegriffen und erörtert.

Naturgemäß treten dabei die Disziplinen der drei AKAD Schools in den Vordergrund, für die das Programm der AKAD University seit Langem steht: die AKAD School of Business Administration & Management, die AKAD School of Engineering & Technology Management und die AKAD School of International Communication & Culture. Neben der Fokussierung auf diese Disziplinen und der starken Anwendungsorientierung stellt der interdisziplinäre Ansatz, der Blick über den Tellerrand des eigenen Bereichs, ein drittes Charakteristikum der Buchreihe dar.

Zu Wort kommen hauptamtliche AKAD-Professoren ebenso wie nebenberufliche Dozenten, wissenschaftliche Mitarbeiter, herausragende Absolventen sowie weitere Wissenschaftler und Praktiker. Geplant sind mehrere Buchpublikationen pro Jahr, welche die vielfältigen Forschungsaktivitäten an der AKAD University für die „scientific community", aber auch für eine breite Öffentlichkeit zur Verfügung stellen. Sie sollen Anstoß sein für neue und innovative Ansätze, für kritisches Hinterfragen, konstruktive Diskussionen und weitergehende Forschung – ganz im Sinne des historischen Forums und der Pionierrolle, welche die AKAD University als erste private Fernhochschule in Deutschland im berufsbegleitenden Fernstudium und bei dessen Digitalisierung einnimmt.

Prof. Dr. Ronny Fürst
Prof. Dr. Torsten Bügner
Prof. Dr. Wolfgang Frohberg

Inhaltsverzeichnis

Vorwort der Herausgeber — V

Abbildungsverzeichnis — XI

Abkürzungsverzeichnis — XIII

1 Einleitung — 1
1.1 Problemstellung und Motivation für die Themenwahl — 1
1.2 Darstellung von Ziel und Aufbau der Arbeit — 2

2 Definitionen — 3
2.1 Definition des Beschwerdebegriffes — 3
2.2 Definition des Begriffes Beschwerdemanagement — 4
2.3 Definition von kleinen und mittleren Unternehmen (KMU) — 5
    2.3.1 Definition kleinster, kleiner und mittlerer Kapitalgesellschaften im deutschen Handelsgesetzbuch (HGB) — 5
    2.3.2 KMU-Definition des Instituts für Mittelstandsforschung — 6
    2.3.3 Definition kleinster, kleiner und mittlerer Unternehmen der Europäischen Kommission — 6
    2.3.4 Definition kleinster, kleiner und mittelgroßer Unternehmen in der vorliegenden Arbeit — 7
    2.3.5 Abgrenzung der Begriffe „mittelgroß" und „Mittelstand" — 8
2.4 Definitionen der Begriffe Biotechnologie, Medizintechnik und Umwelttechnik — 9
    2.4.1 Definition des Begriffes Biotechnologie — 9
    2.4.2 Definition des Begriffes Medizintechnik — 10
    2.4.3 Definition des Begriffes Umwelttechnik — 11

3 Vorrausetzungen, Ziele und Aufbau eines Beschwerdemanagementsystems — 13
3.1 Einordnung des Beschwerdemanagements im Unternehmen — 13
3.2 Ziele des Beschwerdemanagements — 14
3.3 Voraussetzungen für ein erfolgreiches Beschwerdemanagement — 15
    3.3.1 Generelle Einstellung im Unternehmen zum Thema Beschwerdemanagement — 15
    3.3.2 Strategische und organisatorische Voraussetzungen — 16
    3.3.3 Personalpolitische Voraussetzungen — 17
    3.3.4 Technologische Voraussetzungen — 18
    3.3.5 Normen und gesetzliche Vorgaben zum Beschwerdemanagement — 19
3.4 Aufbau des Beschwerdemanagementprozesses — 20
    3.4.1 Der Beschwerdemanagementprozess im Überblick — 20

	3.4.2	Direktes Beschwerdemanagement: Stimulierung, Annahme, Bearbeitung von Beschwerden, Beschwerdereaktion	21
	3.4.3	Indirektes Beschwerdemanagement: Auswertung, Controlling und Reporting von Beschwerden, Nutzung der enthaltenen Informationen	22
	3.4.4	Beschwerdezufriedenheitsbefragung	23

4 Beschwerdemanagement in deutschen Unternehmen — 25

4.1 Ergebnisse von Studien zum Thema Beschwerdemanagement in Deutschland — 25
    4.1.1 Die Beschwerdemanagement-Excellence-Studie (Stauss/Schöler 2003) — 25
    4.1.2 Beschwerdemanagement in deutschen Unternehmen: eine branchenübergreifende Erhebung des State of Practice (Homburg/ Fürst 2003) — 27
4.2 KMU in Deutschland — 28
4.3 Besonderheiten des Beschwerdemanagements in KMU, im B2B-Bereich und im Technologiesektor — 30

5 Ist-Analyse des Beschwerdemanagements in KMU der Branchen Biotechnologie, Medizintechnik und Umwelttechnik in Bayern — 33

5.1 Die Branchen Biotechnologie, Medizintechnik und Umwelttechnik in Bayern, Deutschland und im internationalen Umfeld — 33
    5.1.1 Die Biotechnologie-Branche — 33
    5.1.2 Die Medizintechnik-Branche — 35
    5.1.3 Die Umwelttechnik-Branche — 36
5.2 Ziele der Befragung — 37
5.3 Die Befragung — 38
    5.3.1 Datenquellen — 38
    5.3.2 Methode der Befragung — 38
    5.3.3 Aufbau der Befragung — 39
5.4 Ergebnisse — 40
    5.4.1 Teilnehmende Unternehmen — 40
    5.4.2 Eckdaten der teilnehmenden Unternehmen — 40
    5.4.3 Kundenstruktur der teilnehmenden Unternehmen — 45
    5.4.4 Kundenbefragungen und Kundeninformation der teilnehmenden Unternehmen — 47
    5.4.5 Allgemeine Aussagen über den Beschwerdeprozess — 48
    5.4.6 Analyse des direkten Beschwerdeprozesses — 50
    5.4.7 Analyse des indirekten Beschwerdeprozesses — 52
5.5 Zusammenfassung und Bewertung der Ergebnisse — 52

6 Kritische Betrachtung und Handlungsempfehlungen   57
    6.1   Kritische Betrachtung des Fragebogens   57
    6.2   Kritische Betrachtung der Ergebnisse   59
    6.3   Handlungsempfehlungen für KMU zur Verbesserung ihres Beschwerdemanagementprozesses   61

7 Zusammenfassung   63

Quellenverzeichnis   67

Personenregister   73

Sachregister   75

# Abbildungsverzeichnis

Abbildung 1:	Beschwerdemanagement als Teil des CRM	14
Abbildung 2:	Direkter und indirekter Beschwerdemanagementprozess	20
Abbildung 3:	Höhe des Jahresumsatzes der teilnehmenden Unternehmen (2012) (Frage 28), 116 Teilnehmer (96,7 Prozent)	41
Abbildung 4:	Anzahl der Mitarbeiter der teilnehmenden Unternehmen (2012) (Frage 30), 118 Teilnehmer (98,3 Prozent)	41
Abbildung 5:	„Auf welchen der folgenden Gebiete ist Ihr Unternehmen tätig?" (Frage 1), 120 Teilnehmer (100 Prozent), Mehrfachnennung möglich: 201 Antworten	42
Abbildung 6:	„Ist Ihr Unternehmen ISO-zertifiziert?" (Frage 29), 96 Teilnehmer (80 Prozent), Mehrfachnennung möglich: 104 Antworten	43
Abbildung 7:	„Wie beurteilen Sie die Stellung Ihres Unternehmens im Sektor Bio-, Medizin- und Umwelttechnik?" (Frage 2), 113 Teilnehmer (94,2 Prozent), Mehrfachnennung möglich: 120 Antworten	44
Abbildung 8:	„Sind die Bio-, Medizin- und Umwelttechnikprodukte Ihres Unternehmens durch Patente geschützt?" (Frage 3), 114 Teilnehmer (95 Prozent), nur eine Antwort möglich	45
Abbildung 9:	„Ist Ihr Unternehmen auch international tätig?" (Frage 4), 119 Teilnehmer (99,2 Prozent), nur eine Antwort möglich	45
Abbildung 10:	„Wer sind Ihre Kunden?" (Frage 6) – Kundenstruktur der teilnehmenden Unternehmen, 120 Teilnehmer (100 Prozent), nur eine Antwort möglich	46
Abbildung 11:	„Zu welcher Gruppe von Geschäftskunden gehören Ihre Kunden?" (Frage 7), 116 von 118 Teilnehmern (98,3 Prozent), Mehrfachnennung möglich: 202 Antworten	46
Abbildung 12:	„Fragen Sie Ihre Kunden, wie zufrieden sie mit Ihrem Unternehmen sind?" (Frage 5), 120 Teilnehmer (100 Prozent), nur eine Antwort möglich	47
Abbildung 13:	„Werden Ihre Kunden deutlich darauf hingewiesen, an wen sie sich wenden können, wenn sie Fragen oder ein Anliegen haben?" (Frage 10), 120 Teilnehmer (100 Prozent), Mehrfachantworten möglich: 175 Antworten	48
Abbildung 14:	„Wie oft tritt der Beschwerdefall in Ihrem Unternehmen auf?" (Frage 11), 120 Teilnehmer (100 Prozent), nur eine Antwort möglich	48
Abbildung 15:	„Über welche Themenfelder beschweren sich Ihre Kunden am häufigsten?" (Frage 12); 114 Teilnehmer von 115 (99,1 Prozent), Mehrfachantworten möglich: 149 Antworten	49
Abbildung 16:	„Wo beschweren sich Ihre Kunden als erstes?" (Frage 13), 115 Teilnehmer (100 Prozent), nur eine Antwort möglich	50
Abbildung 17:	„Wer bearbeitet letztlich die eingegangene Beschwerde?" (Frage 19), 115 Teilnehmer (100 Prozent), nur eine Antwort möglich	51

Abkürzungsverzeichnis

B2B	business-to-business	KMU	(kleinste,) kleine und mittlere (mittelgroße) Unternehmen
B2C	business-to-consumer		
bspw.	beispielsweise	Mio.	Millionen
bzw.	beziehungsweise	Mrd.	Milliarden
CRM	Customer Relationship Management	OECD	Organisation für wirtschaftliche Zusammenarbeit und Entwicklung
CD-R	Compact Disc Recordable		
EU	Europäische Union	s.	siehe
e. V.	eingetragener Verein	URL	Uniform Resource Locator, Internetadresse
Hg.	Herausgeber		
HGB	Deutsches Handelsgesetzbuch	vgl.	vergleiche
IT	Informationstechnologie		

1 Einleitung

1.1 Problemstellung und Motivation für die Themenwahl

Das Beschwerdemanagement ist ein wichtiges Instrument des Customer Relationship Managements in einem Unternehmen. Es dient einerseits dazu, rechtzeitig auf die speziellen Bedürfnisse des Kunden oder anderer Anspruchsgruppen im Falle einer direkten Beschwerde einzugehen. Ziel ist es, frühzeitig Maßnahmen zu ergreifen, um Kunden am Abwandern zu hindern. Andererseits beinhaltet eine konkrete Beschwerde sehr oft auch einen Hinweis auf Mängel bei Geschäftsprozessen oder Produkten und damit eine Chance für das Unternehmen, diese im Sinne des Kunden und zur Gewinnmaximierung sowie Zukunftssicherung für das Unternehmen selbst zu optimieren.

Im Zuge anfänglicher Recherchen zum Thema Beschwerdemanagement wurde schnell klar, dass sich die einschlägige Literatur fast ausschließlich mit Dienstleistungsbereichen, Handel oder dem Versicherungswesen beschäftigt, auch Literatur zum Thema Beschwerdemanagement im medizinischen Bereich ist zu finden. Diese Literatur bezieht sich hauptsächlich auf B2C-Beziehungen. Literatur in Richtung Beschwerdemanagement im technischen Bereich oder im B2B-Sektor war auf Anhieb nicht zu finden. Damit entstand die Idee, eine Untersuchung zum Thema Beschwerdemanagement in technologisch orientierten Unternehmen im Rahmen einer Diplomarbeit zu erstellen.

Um das untersuchte Gebiet einzugrenzen, beschränkt sich die Arbeit auf die Branchen Biotechnologie, Medizintechnik und Umwelttechnologie in Bayern. Diese Branchen überlappen sich teilweise thematisch und gehören zum großen und relativ jungen Themenfeld Technologie und Bio- sowie Lebenswissenschaften. Weiterhin gehören sie zu drei der High-Tech-Cluster-Branchen in Bayern. Die Arbeit soll sich auf die kleinen und mittelgroßen Unternehmen in

Bayern beschränken, da über diese im Bereich Beschwerdemanagement bisher nur wenig bekannt ist.

1.2 Darstellung von Ziel und Aufbau der Arbeit

Das Ziel der Arbeit ist es, Struktur, Aufbau und Realität des Beschwerdemanagements in kleinen und mittelgroßen bayerischen Technologieunternehmen der Branchen Biotechnologie, Umwelt- und Medizintechnik darzustellen.

Einleitend erfolgt die Darstellung der Gründe für die Themenwahl, der Problemstellung und des Ziels und Aufbaus der Arbeit. Weiterhin werden die relevanten Fachbegriffe definiert und unter Abgrenzung zu verschiedenen anderen Definitionen die für diese Arbeit relevante Definition von KMU festgelegt. Weiterhin werden die Voraussetzungen, Ziele und Aufbau eines Beschwerdemanagementsystems erläutert.

Es folgt ein Überblick über das Beschwerdemanagement in deutschen Unternehmen mit besonderem Blick auf kleine und mittelgroße Unternehmen und den B2B-Sektor, wobei auch bereits durchgeführte relevante Studien zum Thema Beschwerdemanagement zur Sprache kommen.

Nach der Beschreibung von Historie, Produkten und Branchendaten der drei untersuchten Branchen erfolgt die Analyse des Ist-Zustands des Beschwerdemanagements in bayerischen KMU der drei Branchen. Als Untersuchungsmethode dient ein Online-Fragebogen, der von einem Vertreter der Firma über einen Link im Internet aufgerufen und anonym ausgefüllt werden konnte. Der Fragebogen verknüpft Informationen über die Eckdaten des Unternehmens mit den Fragen über die Komponenten des Beschwerdeprozesses. Diese Daten werden nachfolgend zusammengefasst und analysiert.

Abgeschlossen wird die Arbeit mit der kritischen Betrachtung der Ergebnisse, Verbesserungsvorschlägen sowie einer Zusammenfassung.

In dieser Arbeit wird aus pragmatischen Gründen darauf verzichtet, bei Begriffen die weibliche und die männliche Form zu verwenden, wo dies vielleicht angebracht wäre. Es wird die männliche Form verwendet, gemeint sind jedoch immer die männliche und die weibliche Form.

2 Definitionen

2.1 Definition des Beschwerdebegriffes

Eine Beschwerde ist die Äußerung der Unzufriedenheit des Kunden oder anderer Anspruchsgruppen gegenüber einem Unternehmen. Kunden können dabei Einzelpersonen (B2C) oder Firmen sein (B2B), Anspruchsgruppen sind zum Beispiel Organisationen oder Verbände. Gegenstand einer Beschwerde können Waren, Dienstleistungen oder das Verhalten von Mitarbeitern oder der Firma sein.[1] Außerdem können Beschwerden die Geschäftsprozesse oder den Kundenservice betreffen.

Der Begriff „Beschwerde" muss dabei genau genommen in die reine Beschwerde, also Äußerung eines Missfallens, und die Reklamation aufgeteilt werden. Eine Reklamation ist der Sonderfall einer Beschwerde, in dem möglicherweise rechtliche Ansprüche wirksam werden können, wie im Garantiefall die Nachbesserung oder der Ersatz eines fehlerhaften Produktes.[2]

Ein Kunde beabsichtigt mit einer Beschwerde eine Änderung des Sachverhalts zu seinen Gunsten. Er richtet die Beschwerde in der Regel schriftlich (Brief oder E-Mail) oder mündlich (persönlich oder telefonisch) an das Unternehmen, das durch den Mitarbeiter vertreten wird, an den er sich mit seiner Beschwerde wendet.[3]

In dieser Arbeit ist die Reklamation im Beschwerdebegriff inbegriffen. Es werden nur diejenigen Beschwerden von Kunden des Unternehmens unter-

---

[1] Vgl. Stauss, Bernd/Seidel, Wolfgang: Beschwerdemanagement. 4. vollständig überarbeitete Auflage. München 2007, S. 49.
[2] Vgl. ebenda, S. 50–52.
[3] Vgl. Ratajczak, Oliver: Erfolgreiches Beschwerdemanagement. Wege zu Prozessverbesserungen und Kundenzufriedenheit. 1. Auflage. Wiesbaden 2010, S. 24f.

sucht, die direkt an das Unternehmen gerichtet sind und dessen Produkte oder Dienstleistungen betreffen. Beschwerden anderer Anspruchsgruppen wie beispielsweise ethisch-moralische oder gesellschaftliche Anliegen werden nicht berücksichtigt.

2.2 Definition des Begriffes Beschwerdemanagement

Das Beschwerdemanagement ist im Rahmen des Customer Relationship Managements der wichtigste Aufgabenbereich des Kundenbindungs- und Kundenbeziehungsmanagements. Bestandskunden werden von sich aus gegenüber dem Unternehmen mit einem Anliegen aktiv und haben daher eine besondere Stellung, denn sie sind gefährdete Kunden, auf die besonders einzugehen ist. Eine gut gelöste Problemsituation im Beschwerdemanagement kann die Kundenloyalität erhöhen.[4]

Aus Unternehmenssicht hat die Kundenbindung ein höheres Gewicht als die Akquisition von Neukunden, da langfristige Kundenbeziehungen profitabler sind als kurzfristige Geschäftsbeziehungen.[5] Innerhalb des Unternehmens erfasst ein effektives und effizientes Beschwerdemanagement systematisch Kundenbeschwerden, die dann kategorisiert und zu Berichten zusammengefasst werden können. Das Unternehmen kann daraus Verbesserungen für seine Produkte und Prozesse ableiten.[6] Daher ist das Beschwerdemanagement auch ein wesentlicher Ausgangspunkt für das auf die Kundenzufriedenheit ausgerichtete Qualitätsmanagement. Dies kommt auch dadurch zum Ausdruck, dass es in der Qualitätsnorm DIN EN ISO 10002:2005, die sich mit der Kundenzufriedenheit befasst, eine wichtige Rolle spielt.[7]

Aus Sicht des Kunden zeichnet sich ein gutes Beschwerdemanagement dadurch aus, dass er sich mit seinem Anliegen ernst genommen und verstanden fühlt, dass seine Beschwerde zügig und transparent bearbeitet und der Vorgang mit einem zufriedenstellenden Ergebnis abgeschlossen wird.

---

4 Vgl. Stauss/Seidel 2007, S. 33.
5 Vgl. Stauss, Bernd/Schöler, Andreas: Beschwerdemanagement Excellence. State-of-the-Art und Herausforderungen der Beschwerdemanagement-Praxis in Deutschland. Wiesbaden 2003, S. 17.
6 Ratajczak 2010, S. 81.
7 Graebig, Klaus: Kundenzufriedenheit. Erläuterungen und Originaltexte DIN ISO10001, DIN ISO 10002 und DIN ISO 10003. Berlin, Wien, Zürich 2006, S. 89ff.

2.3 Definition von kleinen und mittleren Unternehmen (KMU)

2.3.1 Definition kleinster, kleiner und mittlerer Kapitalgesellschaften im deutschen Handelsgesetzbuch (HGB)

Das deutsche Handelsgesetzbuch unterscheidet lediglich kleinste (vgl. §267a HGB), kleine und mittlere Kapitalgesellschaften (vgl. §267 HGB). Personengesellschaften sind in dieser Definition nicht inbegriffen (s. Tabelle 1).

	Arbeitnehmerzahl im Jahresdurchschnitt	Jahresumsatz	Jahresbilanzsumme
Mittlere Kapitalgesellschaft	≤ 250	≤ 38,5 Mio. €	≤ 19,25 Mio. €
Kleine Kapitalgesellschaft	≤ 50	≤ 9,68 Mio. €	≤ 4,84 Mio. €
Kleinste Kapitalgesellschaft	≤ 10	≤ 0,7 Mio. €	≤ 0,35 Mio. €

Tabelle 1: KMU-Definition im HGB [8,9]

Die Bilanzsummen gelten dabei jeweils nach Abzug eines auf der Aktivseite ausgewiesenen Fehlbetrags (§268 Absatz 3, HGB).[10]

Der Nachteil dieser Definition ist, dass sie sich nur auf Kapitalgesellschaften beschränkt. In dieser Arbeit spielt die Rechtsform des Unternehmens jedoch eine untergeordnete Rolle, daher kommt die oben beschriebene Definition des HGB im Rahmen dieser Arbeit nicht zur Anwendung.

---

[8] Vgl. Bundesministerium der Justiz: Handelsgesetzbuch (2013). Abrufbar im Internet. URL: http://www.gesetze-im-internet.de/hgb/__267.html. Stand 26.6.2013.
[9] Vgl. Bundesministerium der Justiz: Handelsgesetzbuch (2013). Abrufbar im Internet. URL: http://www.gesetze-im-internet.de/hgb/__267a.html. Stand 26.6.2013.
[10] Vgl. Bundesministerium der Justiz: Handelsgesetzbuch (2013). Abrufbar im Internet. URL: http://www.gesetze-im-internet.de/hgb/__268.html. Stand 26.6.2013.

2.3.2 KMU-Definition des Instituts für Mittelstandsforschung

Das Institut für Mittelstandsforschung in Bonn definiert lediglich kleine und mittlere Unternehmen als solche, die unter 500 Beschäftigte und unter 50 Mio. Euro Umsatz im Jahr zu verzeichnen haben (s. Tabelle 2).

	Zahl der Beschäftigten	Jahresumsatz
Mittleres Unternehmen	< 500	< 50 Mio. €
Kleines Unternehmen	< 50	< 1 Mio. €

Tabelle 2: Definition von kleinen und mittleren Unternehmen des Instituts für Mittelstandsforschung[11]

Hier wird die Zahl der Beschäftigten nicht weiter präzisiert. Es ist beispielsweise unklar, ob Personen in Elternzeit oder Auszubildende zu der Zahl der Beschäftigten gehören oder nicht. Auch diese Definition wird aufgrund mangelnder Differenziertheit in dieser Arbeit nicht verwendet.

2.3.3 Definition kleinster, kleiner und mittlerer Unternehmen der Europäischen Kommission

Laut Europäischer Kommission sind kleinste, kleine und mittlere Unternehmen (KMU) solche Unternehmen, die nicht mehr als 249 Mitarbeiter (Jahresarbeitseinheit) und nicht mehr als 50 Mio. Euro Jahresumsatz oder 43 Mio. Euro Jahresbilanzsumme haben. Dabei gelten die Daten des letzten Berichtsjahres. Diese Definition wurde festgelegt, um eine Einteilung von Unternehmen zum Zweck der Verteilung von Fördermitteln vornehmen zu können. Sie trat am 1.1.2005 in Kraft (s. Tabelle 3).

---

11 Vgl. Institut für Mittelstandsforschung Bonn: KMU-Definition des IFM Bonn seit 1.1.2002. URL: http://www.ifm-bonn.org/mittelstandsdefinition/definition-kmu-des-ifm-bonn. Stand 23.5.2013.

Definitionen   7

	Mitarbeiterzahl (Jahresarbeitseinheit)	Jahresumsatz	Jahresbilanzsumme
Mittleres Unternehmen	< 250	≤ 50 Mio. €	≤ 43 Mio. €
Kleines Unternehmen	< 50	≤ 10 Mio. €	≤ 10 Mio. €
Kleinstunternehmen	< 10	≤ 2 Mio. €	≤ 2 Mio. €

Tabelle 3:   Definition von KMU der Europäischen Kommission[12]

Da die Definition der Europäischen Kommission die differenzierteste und präziseste der drei vorgestellten Definitionen darstellt, kommt sie für die vorliegende Arbeit zur Anwendung. Sie unterscheidet zwischen kleinsten, kleinen und mittleren Unternehmen und definiert den Begriff „Mitarbeiterzahl" als Jahresarbeitseinheit. Zur Zahl der Jahresarbeitseinheiten gehören keine Auszubildenden oder Beschäftigten in Mutterschutz oder Elternzeit.

2.3.4 Definition kleinster, kleiner und mittelgroßer Unternehmen in der vorliegenden Arbeit

Für die vorliegende Arbeit wurden zum einen der Jahresumsatz und zum anderen die Jahresarbeitseinheiten als relevante Größe gewählt. Der Begriff „KMU" ersetzt im Folgenden die Bezeichnung „kleinste, kleine und mittelgroße Unternehmen" und bezieht sich auf die oben beschriebene rein quantitative Definition der EU-Kommission (vgl. Kapitel 2.3.5). Lediglich die maximale Mitarbeiterzahl von KMU beträgt in dieser Arbeit 250 Jahresarbeitseinheiten, um eine gerundete Obergrenze definieren zu können.

Es gibt keinen einheitlichen KMU-Begriff, innerhalb der Europäischen Union definiert jedes Land seine kleinen und mittelgroßen Unternehmen nach anderen Kriterien. Daher ist zu erwähnen, dass der Begriff „KMU", wenn er aus anderen Quellen zitiert wird, der Definition der jeweiligen Quelle unterliegt. Da die Unterschiede aber nicht gravierend sind, kann der Begriff für die meisten Fragestellungen vereinheitlicht werden.

---

12 Vgl. Europäische Gemeinschaften, Amt für Veröffentlichungen der EU (Hg.): Die neue KMU-Definition: Benutzerhandbuch und Mustererklärung. 2006. S. 14. Abrufbar im Internet. URL: http://ec.europa.eu/enterprise/policies/sme/files/sme_definition/sme_user_guide_de.pdf. Stand 26.6.2013.

2.3.5 Abgrenzung der Begriffe „mittelgroß" und „Mittelstand"

Der Begriff „mittelständisches Unternehmen" oder „Mittelstand" ist nur in Deutschland gebräuchlich. In anderen Ländern spricht man von kleinen und mittleren Unternehmen, einem ausschließlich rechnerisch über die Unternehmensgröße definierten Teil der Gesamtwirtschaft.[13]

Im deutschen Sprachgebrauch geht die Definition „Mittelstand" über die Einordnung von Unternehmen mit Hilfe ökonomischer Faktoren hinaus. Einmal umfasst der Begriff „wirtschaftlicher Mittelstand" über alle Branchen hinweg die Gesamtheit von freiberuflich tätigen Personen und Unternehmen, soweit sie eine bestimmte Größe nicht überschreiten. Andererseits sind auch qualitative Aspekte inbegriffen, wie die enge Verbindung von Unternehmen und Inhaber und damit die Einheit von Eigentum, Leitung, Haftung und Risiko, also die Einheit von wirtschaftlicher Existenz und weitgehender Konzernunabhängigkeit durch eigenverantwortliche unternehmenspolitische Entscheidungsfreiheit der Unternehmensleitung[14] (s. Kapitel 4.2: KMU in Deutschland).

Ein mittelgroßes Unternehmen gehört also nicht zwangsläufig dem Mittelstand an und ein nach rein qualitativen Aspekten bewertetes Unternehmen des Mittelstands ist nicht zwangsläufig klein oder mittelgroß.

Die in dieser Arbeit untersuchten Unternehmen wurden ausschließlich nach Mitarbeiterzahl und Jahresumsatz kategorisiert (s. Kapitel 2.3.4). Diese Unternehmen dürften zu einem großen Teil dem Mittelstand angehören. Größere Unternehmen können dem Mittelstand angehören, erfüllen jedoch die definierten Kriterien nicht mehr und werden damit in dieser Arbeit nicht berücksichtigt.

Im Zusammenhang mit dem Begriff „Mittelstand" taucht immer wieder der Begriff „Familienunternehmen" auf. Familienunternehmen haben ihre eigenen Besonderheiten wie Schwierigkeiten bei der Machtverteilung oder der Erb- und Nachfolgeregelung. Sie sind noch weniger quantitativ einzugrenzen als die Bezeichnung „Mittelstand", da auch große Konzerne Familienunternehmen sein können.[15]

---

13 Vgl. Institut für Mittelstandsforschung Bonn: KMU-Definition des IfM Bonn seit 1.1.2002. URL: http://www.ifm-bonn.org/mittelstandsdefinition/definition-kmu-des-ifm-bonn. Stand 23.5.2013.
14 Vgl. Institut für Mittelstandsforschung Bonn (Hg.): Unternehmensgrößenstatistik 2001/2002. Daten und Fakten. Bonn 2003. Abrufbar im Internet. URL: http://www.ifm-bonn.org//uploads/tx_ifmstudies/IfM-Materialien-157_2003.pdf. Stand 26.6.2013.
15 Vgl. Reinemann, Holger: Mittelstandsmanagement. Einführung in Theorie und Praxis. Stuttgart 2011, S. 2ff.

2.4 Definitionen der Begriffe Biotechnologie, Medizintechnik und Umwelttechnik

2.4.1 Definition des Begriffes Biotechnologie

Unter Biotechnologie versteht man die technische Verwertung von Stoffwechselvorgängen lebender Organismen für industrielle Zwecke oder für die Forschung. Die OECD definiert den Begriff „Biotechnologie" dabei folgendermaßen: „Die Anwendung von Wissenschaft und Technologie auf lebende Organismen sowie deren Bestandteile, Produkte und Modelle mit dem Ziel, lebende und nicht lebende Materialien für die Produktion von Wissen, Waren und Dienstleistungen zu verändern."[16]

Dabei unterscheidet man innerhalb der Biotechnologie hauptsächlich zwischen roter (medizinischer) Biotechnologie, grüner (landwirtschaftlicher) Biotechnologie und weißer (industrieller) Biotechnologie.[17]

Produkte der roten Biotechnologie sind einmal Medikamente, wie Thrombolytika, Erythropoetin, spezifische Antikörper oder Hormone, und andererseits Reagenzien für medizinische Testsysteme.

Die grüne Biotechnologie beschäftigt sich unter anderem mit gentechnischen Veränderungen an Nutzpflanzen und der Produktion von Stoffen wie Arzneimitteln oder Insektiziden aus Pflanzen.

Die weiße Biotechnologie produziert Substanzen wie beispielsweise Cystein, Glutamat, Aspartam oder Vitamin C im Industriemaßstab.[18]

Werden biologische Systeme als analytische Sensoren in der Umwelttechnik oder zum Abbau von Umweltverschmutzungen herangezogen, nennt man dies graue Biotechnologie.[19]

Bei technischer Nutzung biologischer Vorgänge von marinen Lebewesen spricht man von blauer Biotechnologie, bei Nutzung von biologischen Systemen im Lebensmittelbereich von gelber Biotechnologie.[20]

Die Abgrenzung und Definition der einzelnen Felder ist schwierig, da es sich bei der Biotechnologie um eine interdisziplinäre Wissenschaft handelt, die sich neben einer Überlappung der biotechnologischen Felder untereinander auch

---

16 Zitat: OECD (Hg.): Die OECD in Zahlen und Fakten 2013. Wirtschaft, Umwelt, Gesellschaft. 14.6.2013. Abrufbar im Internet. URL: http://www.oecd-ilibrary.org/economics/die-oecd-in-zahlen-und-fakten-2013_9789264090118-de. S. 184, Stand 26.6.2013.
17 Vgl. Biocom AG: Was ist Biotechnologie? 2013. URL: http://www.biotechnologie.de/BIO/Navigation/DE/Hintergrund/basiswissen.html. Stand 24.5.2013.
18 Vgl. Pilz, Gerhard: Biotechnologie. Anwendung, Branchenentwicklung, Investitionsmöglichkeiten. München 2010, S. 41ff.
19 Vgl. Verein Deutscher Ingenieure e. V.: Graue Biotechnologie. 2013. URL: http://www.technik-welten.de/intro/ingenieur-welt/berufsbilder/biotechnologie/biotechnologie/graue-biotechnologie.html. Stand 4.6.2013.
20 Vgl. Lippold, Björn: Der Regenbogen der Biotechnologie. 2013. URL: http://www.chemie.de/whitepaper/44283/der-regenbogen-der-biotechnologie.html. Stand 24.5.2013.

auf andere Disziplinen wie zum Beispiel die Verfahrenstechnik, die Materialwissenschaften oder die Medizin erstreckt.

2.4.2 Definition des Begriffes Medizintechnik

Medizintechnik[21] erzeugt Geräte, Produkte und technische Verfahren, die Medizinprodukte.[22] Medizinprodukte unterliegen der Kontrolle des Gesetzgebers. Der Verkehr mit Medizinprodukten ist im Medizinproduktegesetz geregelt. Darin heißt es in Paragraph 1: „Zweck dieses Gesetzes ist es, den Verkehr mit Medizinprodukten zu regeln und dadurch für die Sicherheit, Eignung und Leistung der Medizinprodukte sowie die Gesundheit und den erforderlichen Schutz der Patienten, Anwender und Dritter zu sorgen."[23]

Medizinprodukte sind also Instrumente, Apparate, Vorrichtungen, Software, Materialien oder chemische Substanzen und deren Zubereitung mit medizinischer Zweckbestimmung, die vom Hersteller für die Anwendung beim Menschen bestimmt sind.[24] Dazu gehören zum Beispiel Implantate, Produkte zur Injektion, Infusion, Transfusion und Dialyse, Röntgengeräte oder Dentalprodukte. Auch In-vitro-Diagnostika wie Reagenzien, Reagenzprodukte, Kits, Probenbehältnisse, Geräte und weitere Produkte, die zur In-vitro-Untersuchung von Proben aus dem menschlichen Körper bestimmt sind, sind Medizinprodukte. Anders als bei Arzneimitteln, die meist biochemisch wirken, erfolgt die Hauptwirkung bei Medizinprodukten in erster Linie auf physikalischem Weg.[25]

Unternehmen, die Medizinprodukte vertreiben, müssen EU-weit nach der Norm ISO 13485 zertifiziert sein. Diese regelt neben der allgemeinen Qualitätsnorm ISO 9001 speziell das Qualitätsmanagement für Medizinprodukte.[26]

---

21 Synonym: Medizintechnologie.
22 Vgl. CHEMIE.DE Information Service GmbH (Hg.): Lexikon Medizintechnik. 2013. URL: http://www.bionity.com/de/lexikon/Medizintechnik.html. Stand 24.5.2013.
23 Zitat aus dem Medizinproduktegesetz Stand 19.10.2012: § 1 Medizinproduktegesetz. URL: http://www.gesetze-im-internet.de/bundesrecht/mpg/gesamt.pdf. Abgerufen am 24.5.2013
24 Vgl. Bundesverband Medizintechnik e. V. (Hg.): Branchenbericht Medizintechnologien 2013. Berlin 2012. Abrufbar im Internet. URL: http://www.bvmed.de/stepone/data/downloads/dc/ed/00/branchenbericht2013_04.pdf. Stand 9.4.2013, S. 11. Abgerufen am 7.7.2013.
25 Vgl. Bundesministerium für Gesundheit: Was sind Medizinprodukte? 2013. URL: http://www.bmg.bund.de/gesundheitssystem/medizinprodukte/definition-und-wirtschaftliche-bedeutung.html. Stand 24.5.2013.
26 Vgl. International Organization for Standardization: ISO 13485:2003.Stand 2007. Medical devices/Quality management systems/Requirements for regulatory purposes. URL: http://www.iso.org/iso/iso_catalogue/catalogue_tc/catalogue_detail.htm?csnumber= 36786. Stand 17.6.2013.

2.4.3 Definition des Begriffes Umwelttechnik

Umwelttechnik[27] ist jener Bereich der Technik, der für Maßnahmen des Umweltschutzes von Bedeutung ist. Der Sinn der Umwelttechnik ist es, den Einfluss von Mensch und Technik auf die Umwelt zu minimieren.[28]

Umwelttechnik ist eine Disziplin, die sich über die Fächergrenzen hinweg Ingenieurwissenschaften und angewandte Naturwissenschaften zunutze macht. So gehen zum Beispiel so unterschiedliche Fachgebiete wie Biotechnologie, Verfahrenstechnik, Geologie, Betriebswirtschaftslehre, Energie- oder Chemietechnik oder System- und Prozessleittechnik in die Umwelttechnik ein.

Die Umwelttechnik lässt sich in drei Bereiche aufteilen: die Umweltverfahrenstechnik (Reinigung von Wasser, Boden und Luft), die Umwelttechnik im Bauwesen (Abfallwirtschaft, ökologisches Bauen, Siedlungswasserbau) und den betrieblichen technischen Umweltschutz (etwa in der Materialwirtschaft, Produktion, Logistik usw.).[29]

Dabei existieren verschiedene nationale und internationale Umweltgesetze, die die Einhaltung von Grenzwerten juristisch regeln.

Oftmals lassen sich technische Vorgänge aus den drei Bereichen Biotechnologie, Medizintechnik und Umwelttechnik nicht klar voneinander trennen. So sind zum Beispiel die Vorgänge in einer Kläranlage der Bio- und der Umwelttechnologie zuzurechnen, während die Zucht von Geweben zur Transplantation sicher der Biotechnologie, aber auch der Medizintechnik zugeordnet werden kann.

---

27 Synonym: Umweltschutztechnik, Umwelttechnologie, Umweltschutztechnologie.
28 Vgl. dict.md medical dictionary: Definition Umwelttechnik. 2013. URL: http://de.dict.md/definition/Umwelttechnik. Stand 24.5.2013.
29 Vgl. Förstner, Ulrich: Umweltschutztechnik. 8., neu bearbeitete Auflage. Berlin/Heidelberg 2012, S. 56.

3 Vorrausetzungen, Ziele und Aufbau eines Beschwerdemanagementsystems

3.1 Einordnung des Beschwerdemanagements im Unternehmen

Für die aufbauorganisatorische Einordnung des Beschwerdemanagements im Unternehmen gibt es keine einheitlichen Empfehlungen. Es kann beispielsweise als Stabsstelle direkt dem Vorstand unterstellt sein, innerhalb des Vertriebs angesiedelt sein oder als eigenständige Abteilung geführt werden. Eine Integration in die Abteilung Qualitätsmanagement kann ebenfalls sinnvoll sein.

Beschwerden können von einem eigens dafür zuständigen Beschwerdemanager bearbeitet werden, sie können jedoch auch von Fall zu Fall dem jeweils geeignetsten Mitarbeiter anvertraut werden.[30]

Das Beschwerdemanagement kann aufbauorganisatorisch zentral oder dezentral organisiert werden. Das hängt unter anderem von der Größe und der Struktur des Unternehmens ab. Bewährt hat sich ein zweistufiges Beschwerdemanagement, bei dem in der ersten Stufe der erste Ansprechpartner für den Kunden die Beschwerde in der zweiten Stufe dorthin weiterleitet, wo das Problem liegt und die Beschwerde effektiv bearbeitet werden kann.[31]

In jedem Fall ist eine organisatorische Nähe zur Geschäftsleitung ratsam, auch weil die Mitarbeiter des Beschwerdemanagements oftmals umfassende

---
30 Vgl. Ratajczak 2010, S. 29 ff.
31 Vgl. Ratajczak 2010, S. 40 f.

Kompetenzen brauchen, um schnelle Lösungen für den Kunden auch im Sinne des Unternehmens herbeiführen zu können.[32]

3.2 Ziele des Beschwerdemanagements

Das Beschwerdemanagement ist ein Bestandteil des Customer Relationship Managements (Kundenbeziehungsmanagements) eines Unternehmens. Dabei sind die Beschwerden ein elementarer Teil des Customer Care Managements, das alle vom Kunden angestoßenen Kommunikationsformen umfasst (s. Abbildung 1).

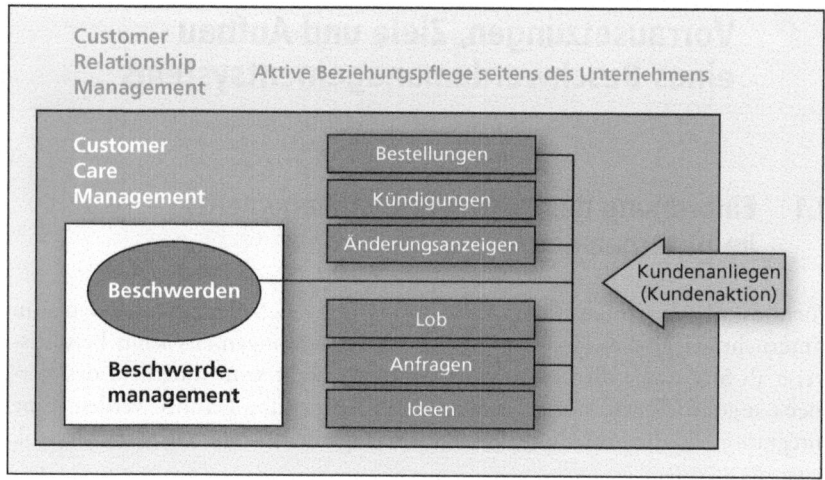

Abbildung 1: Beschwerdemanagement als Teil des CRM[33]

Customer Relationship Management gestaltet die komplette Beziehung des Kunden zum Unternehmen. Das Beschwerdemanagement spielt dabei eine entscheidende Rolle[34], da die Kundenzufriedenheit im Hinblick auf künftige Käufe ganz entscheidend in der Nachkaufphase geprägt wird[35], in der ein überwiegender Teil der Beschwerden anfällt. Ein effektives Beschwerdemanagement soll also zu optimaler Kundenzufriedenheit und Kundenbindung führen.

---
32 Vgl. Ratajczak 2010, S. 29ff.
33 Vgl. Stauss/Seidel 2007, S. 37.
34 Vgl. Stauss/Seidel 2007, S. 23.
35 Vgl. Helmke, Stefan/Uebel, Matthias/Dangelmaier, Wilhelm: Effektives Customer Relationship Management. Darstellung und Bedeutung des Kundenlebenszeitwerts im Business to Business-Marketing. Wiesbaden 2013, S. 209.

Für das Unternehmen ist das Ziel eines funktionierenden Beschwerdemanagementsystems die Erhöhung von Gewinn und Wettbewerbsfähigkeit. Dies kann erreicht werden durch Stabilisierung oder sogar Verbesserung der Kundenbeziehung, durch Verbesserung der Qualität von Produkten, Dienstleistungen und Produktivität sowie durch Vermeidung von Fehlerkosten durch Nutzung der Informationen in den Kundenbeschwerden.[36] Im Idealfall kann so ein kontinuierlicher Verbesserungsprozess stattfinden.

Empirische Studien im B2C-Bereich konnten belegen, dass bis zu 90 Prozent der zufriedengestellten Beschwerdeführer einen Folgekauf bei demselben Unternehmen getätigt haben. Sie weisen außerdem eine hohe Preisbereitschaft auf. Weiterhin haben zufriede Kunden im Durchschnitt fünf bis elf weiteren Personen von ihrer Zufriedenheit mit diesem Unternehmen berichtet. Auch konnte belegt werden, dass ein gut funktionierender Beschwerdemanagementprozess die Kunden eher motiviert, ihre negativen Erlebnisse mit dem Unternehmen diesem auch mitzuteilen. Marktanteile konnten gesteigert werden und Ausgaben für offensives Marketing konnten reduziert werden.[37]

3.3 Voraussetzungen für ein erfolgreiches Beschwerdemanagement

3.3.1 Generelle Einstellung im Unternehmen zum Thema Beschwerdemanagement

Ein zentraler Punkt ist, dass die Unternehmensführung sich der Wichtigkeit eines optimal gestalteten Beschwerdemanagements bewusst ist. Sie ist dafür zuständig, die Unternehmenskultur beschwerdefreundlich zu gestalten.[38]

Innerhalb von Unternehmen gibt es häufig Missverständnisse, was die Kundenbeschwerden angeht. So sind beispielsweise viele Unternehmen der Ansicht, dass ihre Kunden zufrieden sind, weil sie sich nicht beschweren.[39] Niedrige Beschwerdezahlen können jedoch das Ergebnis von Resignation der Kunden oder von zu hohen Beschwerdehürden sein. Aus dem B2C-Bereich ist bekannt, dass sich ein Großteil der unzufriedenen Kunden nicht beschwert, sodass man hier davon ausgehen muss, dass es sich bei den tatsächlich vorgetragenen Beschwerden nur um die „Spitze des Unzufriedenheits-Eisbergs"[40] handelt. Möglicherweise werden mündlich vorgetragene Beschwerden auch nicht weitergeleitet

---

36 Vgl. Stauss/Seidel 2007, S. 79ff.
37 Vgl. Fürst, Andreas: Beschwerdemanagement. Gestaltung und Erfolgsauswirkungen. Wiesbaden 2005, S. 1ff.
38 Vgl. Kukat, Frank: Beschwerdemanagement in der Praxis. 1. Auflage. Düsseldorf 2005, S. 98.
39 Vgl. Ratajczak 2010, S. 26.
40 Zitat aus Stauss/Seidel 2007, S. 65.

und damit nicht schriftlich erfasst, was das Reporting und eine angemessene Reaktion seitens des Unternehmens unmöglich macht.[41]

Weiterhin besteht oftmals der Irrglaube, die Zahl der Beschwerden müsse minimiert werden. Tatsächlich ist es aber so, dass es einen echten Gewinn für das Unternehmen darstellt, wenn Beschwerden geäußert werden. Daher soll nicht die Anzahl der Beschwerden minimiert, sondern die Anzahl der Beschwerdeursachen so gering wie möglich gehalten werden.[42]

Auch die bei Mitarbeitern oftmals vorhandene Ansicht, dass Beschwerdekunden lediglich Querulanten sind, ist falsch. In der Realität ist der Anteil der Querulanten oder Betrüger an der Zahl der Beschwerdekunden gering.[43] In der Beschwerdemanagement Excellence Studie (s. Kapitel 4.1.1) lag ihr Anteil laut Aussage der untersuchten deutschen Großunternehmen im B2C-Bereich bei 12 Prozent der Beschwerdeführer.[44] Bei Kunden, die nachweislich nur schimpfen wollen oder überzogene Forderungen stellen, sollte seitens des Unternehmens je nach Kundenwert tatsächlich über eine Beendigung der Geschäftsbeziehung nachgedacht werden.[45] Bei Kunden mit betrügerischen Absichten versteht sich dies von selbst.

Oftmals wird als Argument angeführt, dass ein professionalisiertes Beschwerdemanagement Personalkapazitäten bindet und damit nicht unerhebliche Kosten verursacht. Das Geld ist jedoch gut investiert, denn der Nutzen, den das Unternehmen aus den Beschwerden ziehen kann, ist nicht zu unterschätzen.[46] Somit sind die Kosten der Beschwerdebearbeitung als Investitionen in zukünftige Geschäfte zu sehen.[47] Umgekehrt kann das Unternehmen den Kontakt zu seinen Kunden verlieren, wenn es falsch auf Beschwerden reagiert oder sie gar auf breiter Front ignoriert.

3.3.2 Strategische und organisatorische Voraussetzungen

Strategisches Potenzial liegt beim Beschwerdemanagement im Bereich des Kundenbeziehungsmanagements und beim Qualitätsmanagement. Ansatzpunkt ist dabei der operative Bereich, dessen oberstes Ziel die größtmögliche Kundenzufriedenheit sein sollte. Die Unternehmensstrategie sollte daran ausgerichtet sein. Weiterhin sollte im Rahmen des Beschwerdemanagement-Controllings die Wirtschaftlichkeit und die Rentabilität dieses Bereichs überwacht werden.[48]

---

41 Vgl. ebenda, S. 52.
42 Vgl. Ratajczak 2010, S. 26 ff.
43 Vgl. Stauss/Seidel 2007, S. 54.
44 Vgl. Stauss/Schöler 2003, S. 37.
45 Vgl. Ratajczak 2010, S. 27.
46 Vgl. ebenda, S. 28.
47 Vgl. Stauss/Seidel 2007, S. 55.
48 Vgl. ebenda, S. 92.

Empfehlenswert ist eine Standardisierung des Beschwerdeprozesses innerhalb des Unternehmens. Dies ist umso wichtiger, je größer das Unternehmen ist. Gleichzeitig ist jedoch darauf zu achten, dass ein gewisser Grad an Individualisierung möglich ist, da eine gute Reaktion auf eine Beschwerde auch oftmals ein unkonventionelles Vorgehen seitens des bearbeitenden Mitarbeiters erfordern kann.[49]

3.3.3 Personalpolitische Voraussetzungen

Besonders diejenigen Mitarbeiter, die im Erstkontakt mit dem Beschwerdeführer stehen, müssen für die richtige Reaktion im Beschwerdefall sensibilisiert werden. Dabei sind Vertriebsmitarbeiter oftmals die ersten, die von der Unzufriedenheit des Kunden bzw. einer Beschwerde erfahren.[50]

Es hat sich gezeigt, dass viele Kunden erst im Laufe des Beschwerdeprozesses durch falsches Verhalten der Mitarbeiter verärgert werden.[51] Daher ist es wichtig, dass den Mitarbeitern, die direkt mit dem Kunden über Beschwerden verhandeln, bewusst ist, dass ihr Arbeitsplatz nicht vom Arbeitgeber garantiert wird, sondern letztlich vom Funktionieren des Unternehmens und damit vom Kunden abhängt.[52] Sie müssen daher beispielsweise in speziellen Fortbildungen lernen, den Beschwerdekunden nicht als Gegner, sondern als Partner zu sehen.[53]

Hilfreich ist eine unternehmensinterne, mit den Mitarbeitern abgestimmte und gelebte Beschwerdedefinition. Sie hilft Mitarbeitern, Beschwerden als solche zu erkennen und gemäß den Interessen des Unternehmens darauf zu reagieren.[54]

Ideal ist die Einführung einer eigenen Stelle des Beschwerdemanagers. Dies wird sich aus Kostengründen und auch aus organisatorischen Gründen nur in größeren Unternehmen realisieren lassen. Ein effektives Beschwerdemanagement wird von sehr erfahrenen Mitarbeitern durchgeführt, die sich auf der fachlichen Ebene mit den Prozessen und Systemen im Unternehmen auskennen und intern über ein breites Netzwerk von Ansprechpartnern verfügen, mit deren Hilfe sie schnell und effizient auf Beschwerden reagieren können.[55]

Weiterhin gehören zum Repertoire eines guten Beschwerdemanagers unter anderem Einfühlungsvermögen und psychologische Grundkenntnisse, emotionale Stabilität, Geduld, Offenheit, Empathie und Kommunikationsstärke.[56]

---

49 Vgl. ebenda, S. 56f.
50 Vgl. Stauss/Seidel 2007, S. 21.
51 Vgl. Kukat 2005, S. 26.
52 Vgl. Ratajczak 2010, S. 15.
53 Vgl. ebenda, S. 28.
54 Vgl. ebenda, S. 20ff.
55 Vgl. Ratajczak 2010, S. 51f.
56 Vgl. ebenda, S. 99ff.

3.3.4 Technologische Voraussetzungen

Der eigene Internetauftritt oder zumindest ein Eintrag im Branchenverzeichnis mit Angaben zur Firmenadresse, Erreichbarkeit per E-Mail sowie Telefon und Faxgerät sind heutzutage Standard und sollten als selbstverständlich vorausgesetzt werden können.

Grundsätzlich ist für die Annahme und Bearbeitung von Beschwerden keine spezielle Technologie notwendig. Um dem Kunden aber ein gutes Beschwerdemanagement bieten zu können, sollte der Bearbeiter der Beschwerde im Idealfall auf eine Beschwerdemanagementsoftware zugreifen können.[57] Allgemein kann man sagen, dass der Einsatz einer solchen Software dringender wird, je höher das Beschwerdeaufkommen ist, je komplexer die Bearbeitungsprozesse sind, je höher die Zahl der angebotenen Produkte und Dienstleistungen ist und je umfangreicher die Auswertungen im Rahmen des Controllings sein sollen.[58]

Auch zur Vereinheitlichung des Prozesses und vor allem in größeren Unternehmen ist ein softwarebasierter Beschwerdemanagementprozess unabdingbar. Dabei kann man mit selbst entworfenen Vorlagen arbeiten oder aber auf bestehende Software zurückgreifen. Diese gibt es in zahlreichen Varianten zu kaufen, mit der Möglichkeit, sie in die aktuelle IT-Landschaft des Unternehmens zu integrieren. Auch das SAP CRM-Modul enthält eine Beschwerdemanagement-Komponente.[59] Mit Hilfe von softwarebasierten Prozessen ohne Medienbrüche ist es leichter möglich, eine einheitliche und zügige Bearbeitung zu sichern und die Einhaltung von Terminen zu überwachen.

Weiterhin nutzen mehr als zwei Drittel der professionellen Entscheider im B2B-Bereich mittlerweile Fachportale im Internet zum Austausch mit anderen Unternehmen hauptsächlich, um Anwendererfahrungen zu sammeln und so Optimierungsmöglichkeiten zu erkennen und angemessen und schnell auf Kritik reagieren zu können.[60] Daher sollte es für ein Unternehmen selbstverständlich sein, in den sozialen Medien präsent zu sein, um jederzeit auf dem neuesten Stand der dort veröffentlichten Informationen zu sein.

---

57 Vgl. Kukat 2005, S. 26.
58 Vgl. Stauss/Seidel 2007, S. 571f.
59 Vgl. SAP AG (2013): Merkmale und Funktionen von SAP CRM. URL: http://www.sap.com/germany/solutions/business-suite/crm/featuresfunctions/key_kontaktcenter.epx. Stand 13.6.2013.
60 Vgl. Gerdsmeier, Stefanie: Ihre Meinung ist uns wichtig. In: Markt und Mittelstand Nr. 7–8, S. 68. Friedberg 2.7.2010. Abrufbar im Internet. URL: http://www.marktundmittelstand.de/archiv/2010/ausgabe-juliaugust-2010/ihre-meinung-ist-uns-wichtig/. Stand 4.7.2013.

3.3.5 Normen und gesetzliche Vorgaben zum Beschwerdemanagement

Zum Beschwerdemanagement existiert im Rahmen des Themenkomplexes „Kundenzufriedenheit" eine DIN-Norm, die DIN ISO 10002:2005. Hier wird der Prozess der Beschwerdebearbeitung als Teil eines Qualitätsmanagementsystems erläutert. Sie verlangt in Anhang C die Grundsätze der Offenheit, Unparteilichkeit, Diskretion, Zugänglichkeit, Vollständigkeit, Billigkeit und Sensibilität in allen Prozessen zur Reklamationsbearbeitung.[61] Sie ist eine eigenständige Norm, die sich aber eng an die Qualitätsnorm ISO 9001 anlehnt. Eine eigenständige Zertifizierung nach ISO 10002 ist nicht vorgesehen, sie soll als Leitfaden dienen.[62] Diese international anerkannte Norm ist für Organisationen sämtlicher Größen vorgesehen, beinhaltet jedoch zusätzlich einen eigenen Abschnitt für kleine und mittelständische Unternehmen.[63]

Die Qualitätsnorm ISO 9001 in ihrer aktuell gültigen Fassung von 2008 fordert eine wirksame Regelung bezüglich Kundenbeschwerden. Verlangt werden nur allgemein die Kommunikation mit dem Kunden und entsprechende interne Reaktionen. Ein konkreter Beschwerdemanagementprozess wird nicht gefordert.[64]

Ein Unternehmen wird demnach nur nach ISO 9001 zertifiziert, wenn es ein sich im Hinblick auf Kundenbedürfnisse ständig verbesserndes Qualitätsmanagement vorweisen kann. Umgekehrt gibt es keine genau definierten Vorschriften für ein qualitativ zufriedenstellendes Beschwerdemanagement in Unternehmen, es gibt demnach große Gestaltungsfreiheit bei der Umsetzung.[65]

Für Firmen im Medizintechnik-Sektor gelten strengere Regeln für das Qualitätsmanagement. Dazu existiert neben anderen Regelwerken die internationale Norm DIN 13485 als Regelung von Qualitätsmanagementsystemen für Medizinprodukte. Ziel dieser Norm ist die genaue Definition der Anforderungen an Qualitätsmanagementsysteme im Medizinprodukte-Bereich. Zusätzlich zur Norm ISO 9001 sind kritische Vorgänge wie beispielsweise der Rückruf von Medizinprodukten oder ein angepasstes Risikomanagement zu regeln. Der Fokus liegt bei der Norm DIN 13485 auf der Sicherheit und der ständigen Verbesserung der Produkte. Unternehmen, die Medizinprodukte vertreiben wollen, müssen nach dieser Norm zertifiziert sein.[66] Sie müssen Aufzeichnungen über alle Untersuchungen bei Kundenbeschwerden führen, für gesetzlich

---

61 Vgl. Graebig 2006, S. 114f.
62 Vgl. Stauss/Seidel 2007, S. 647.
63 Vgl. Graebig 2006, S. 109f.
64 Vgl. Linß, Gerhard: Qualitätsmanagement für Ingenieure. 3. aktualisierte und erweiterte Auflage, München 2011, S. 88.
65 Vgl. Stauss/Seidel 2007, S. 38f.
66 Vgl. Linß 2011, S. 124.

vorgeschriebene Meldungen an eine Regulierungsbehörde müssen dokumentierte Verfahren existieren.[67]

3.4 Aufbau des Beschwerdemanagementprozesses

3.4.1 Der Beschwerdemanagementprozess im Überblick

Der direkte Beschwerdemanagementprozess ist derjenige Teil der Beschwerdeabwicklung, der sich direkt mit der Kundenbeschwerde befasst und diese im Sinne des Kunden zufriedenstellend abwickeln soll. Er besteht aus den vier Teilgebieten Beschwerdestimulierung, Beschwerdeannahme, Beschwerdebearbeitung und Beschwerdereaktion (s. Abbildung 2).

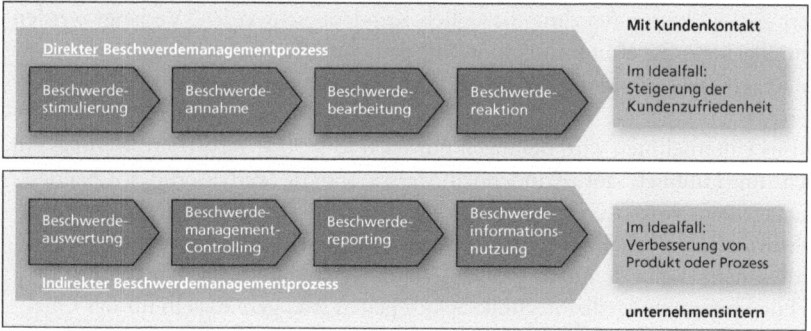

Abbildung 2:   Direkter und indirekter Beschwerdemanagementprozess[68]

Der indirekte Beschwerdemanagementprozess (s. Abbildung 2) ist der Teil der Beschwerdeabwicklung, der durch angemessene Auswertung, präzises Controlling und regelmäßige Berichterstattung (Reporting) das Unternehmen intern in die Lage versetzen soll, zeitnah und angemessen beschwerderelevante Prozesse zu verbessern und die in den Beschwerden enthaltenen Informationen im Sinne des Unternehmens zu nutzen. Dieser Prozess findet ohne Kundenkontakt statt.[69]

---

67 Vgl. Linß 2011, S. 130.
68 Vgl. Stauss/Seidel 2007, S. 83.
69 Vgl. Stauss/Seidel 2007, S. 85.

3.4.2 Direktes Beschwerdemanagement: Stimulierung, Annahme, Bearbeitung von Beschwerden, Beschwerdereaktion

Die Beschwerdestimulierung soll Kunden dazu anregen, ihre Beschwerden gegenüber dem Unternehmen zu äußern. Das Unternehmen muss seinerseits eine Entscheidung darüber treffen, wie die Beschwerde vom Kunden abgerufen werden soll (Beschwerdekanal) und diesen Beschwerdeweg dann auch dem Kunden durch Nennung einer Adresse oder Telefonnummer mitteilen. Zudem muss das Unternehmen sicherstellen, dass dieser Beschwerdeweg durch Erreichbarkeit und die erforderlichen personellen Kapazitäten reibungslos funktioniert.[70]

Die Beschwerdeannahme soll sicherstellen, dass die Organisation des Beschwerdeeingangs und die korrekte Erfassung der Beschwerdeinformationen problemlos erfolgt. Mitarbeiter müssen auf die Annahme der Beschwerde vorbereitet sein und eine gute Dokumentation des Sachverhalts gewährleisten. Die Annahme der Beschwerde sollte dem Kunden schriftlich mitgeteilt werden.[71]

Die Erfassung der Beschwerde enthält Informationen über den Beschwerdeführer, den Sachverhalt und das Beschwerdeobjekt sowie ergänzende Daten. Die Erfassung sollte bereits in Kategorien erfolgen, die im Vorfeld bei der Konzeption des Beschwerdemanagement-Prozesses erarbeitet und festgelegt wurden, und eine strukturierte und weitgehend standardisierte Vorgehensweise ermöglichen. Hierzu können selbst entworfene oder vorgefertigte Formblätter (in Papierform oder elektronisch) verwendet werden.[72]

Die Beschwerdebearbeitung dient der systematischen Gestaltung der Beschwerdeabwicklung. Die im Vorfeld kategorisierten Beschwerden werden dem entsprechenden Beschwerdebearbeitungsprozess zugeführt und von den zuvor festgelegten Verantwortlichen bearbeitet. Dabei ist ein Mahn- und Eskalationssystem sowie eine Bearbeitungshistorie hilfreich zur Überwachung und Dokumentation der Termineinhaltung. Sehr wichtig ist eine gut funktionierende interne Kommunikation zwischen den Verantwortlichen. Der Fortschritt der Beschwerde wird dem Kunden im Idealfall regelmäßig mitgeteilt.[73]

Je nach Beschwerdekategorie und den zuvor definierten Leitlinien und Verhaltensregeln reagiert das Unternehmen dann durch einen in allen Einzelheiten des Vorgangs informierten Mitarbeiter direkt gegenüber dem Kunden auf dessen Beschwerde. Der Umfang der Reaktion richtet sich dabei nach der Größe des Problems, die Gestaltung der Reaktion wird im Vorfeld festgelegt.[74]

---

70 Vgl. ebenda, S. 83.
71 Vgl. ebenda, S. 83.
72 Vgl. Stauss/Seidel 2007, S. 84.
73 Vgl. ebenda, S. 84.
74 Vgl. ebenda, S. 85.

Die Reaktion kann zum Beispiel von einer mündlichen Entschuldigung bis zur Reparatur eines fehlerhaften Produktes im Falle einer Reklamation reichen.

Der Beschwerdeführer ist über jeden Schritt vom Eingang der Beschwerde über den Beschwerdefortschritt bis zur Reaktion und Zufriedenheitsanalyse auf dem Laufenden zu halten.

3.4.3 Indirektes Beschwerdemanagement: Auswertung, Controlling und Reporting von Beschwerden, Nutzung der enthaltenen Informationen

Der quantitative Teil der Beschwerdeauswertung befasst sich mit dem Umfang und der Verteilung des Beschwerdeaufkommens, die Probleme beim Kunden werden priorisiert und überwacht. Im Rahmen der qualitativen Beschwerdeauswertung soll dagegen eine systematische Ursachenanalyse betrieben werden, um Verbesserungsvorschläge generieren zu können.[75]

Das Beschwerdemanagement-Controlling dient der Steuerung sowie Überwachung und umfasst drei Teilbereiche: das Evidenz-Controlling, das Aufgaben-Controlling und das Kosten-Nutzen-Controlling.

Das Evidenz-Controlling zeigt auf, inwieweit die Beschwerden der Kunden tatsächlich die Kundenzufriedenheit gegenüber dem Unternehmen widerspiegeln. Dazu sollen die tatsächlich erfassten, die im Unternehmen verborgenen und die nicht artikulierten Beschwerden in Relation gesetzt werden. Das Aufgaben-Controlling überwacht die Einhaltung der im Beschwerdemanagementprozess festgelegten Aufgaben. Es dient zur Einhaltung von Qualitäts- und Produktivitätsstandards innerhalb des Beschwerdemanagements. Mit Hilfe des Kosten-Nutzen-Controllings schätzt man die Kosten- und Nutzeneffekte und damit die Wirtschaftlichkeit des Beschwerdemanagementsystems ab.[76]

Das Beschwerdereporting stellt sicher, dass die relevanten Gruppen innerhalb des Unternehmens regelmäßig über Art und Umfang der Beschwerden informiert werden. Zeitintervalle, Adressaten und die Art der bereitgestellten Informationen zu Kundenbeschwerden werden im Vorfeld festgelegt.[77] Man kann spezifische Kennzahlen zu Hilfe nehmen, die ebenfalls vorher festzulegen sind. Die hier enthaltenen Informationen können dann als Grundlage für Maßnahmen zur Verbesserung von Prozessen im Unternehmen dienen.

Die Kennzahlen liefern zum Beispiel Aussagen über die Anzahl von Beschwerden, in welchen Bereichen sie anfallen, welche Produkte, Prozesse oder Kundengruppen betroffen sind und ob es Folgebeschwerden gibt. Auch Daten

---

75 Vgl. Stauss/Seidel 2007, S. 85.
76 Vgl. ebenda, S. 86.
77 Vgl. Stauss/Seidel 2007, S. 86f.

über die Eingangskanäle und über Laufzeiten der Beschwerdebehandlung innerhalb des Unternehmens können helfen, Schwachpunkte bei Produkten und Prozessen aufzudecken und einen Überblick über die Beschwerdesituation zu behalten. Auch das Benchmarking, der Vergleich mit anderen Unternehmen derselben Branche im Bereich Beschwerdemanagement, wird so möglich.[78]

3.4.4 Beschwerdezufriedenheitsbefragung

Neben der klassischen Kundenzufriedenheitsbefragung kann es sinnvoll sein, die Beschwerdeführer nach Abschluss des Beschwerdeprozesses zu fragen, wie zufrieden sie mit dem Ausgang des Vorgangs sind. Dabei kann das Unternehmen Informationen zu Detailfragen, wie Freundlichkeit des bearbeitenden Mitarbeiters oder Zufriedenheit mit der Schnelligkeit der Bearbeitung, erhalten.[79] Die gewonnenen Daten können dann direkt einem Kunden und einem speziellen Vorgang zugeordnet werden.

Wie der Kunde letztlich die Qualität des Beschwerdemanagements eines Unternehmens bewertet, hängt von vier Faktoren ab: von der Zugänglichkeit des Unternehmens bezüglich Kundenbeschwerden (bspw. Angabe einer Adresse, an die sich der Beschwerdeführer wenden kann), von der Interaktionsqualität während der Annahme und Bearbeitung, von der Reaktionsschnelligkeit und der Angemessenheit des Ergebnisses.[80]

---

78 Vgl. Ratajczak 2010, S. 77ff.
79 Vgl. ebenda, S. 127f.
80 Vgl. Stauss/Seidel 2007, S. 72f.

4 Beschwerdemanagement in deutschen Unternehmen

4.1 Ergebnisse von Studien zum Thema Beschwerdemanagement in Deutschland

4.1.1 Die Beschwerdemanagement-Excellence-Studie (Stauss/Schöler 2003[81])

In der jüngeren Vergangenheit gab es zwei große Studien zum Thema Beschwerdemanagement in deutschen Unternehmen: Im Jahr 2003 untersuchten Bernd Stauss und Andreas Schöler in ihrer Studie „Complaint Management Excellence" den Umgang mit Beschwerden in deutschen Großunternehmen.

Diese empirische Studie hatte das Ziel, zum ersten Mal branchenübergreifend den damals aktuellen Stand des Beschwerdemanagements in deutschen Großunternehmen im B2C-Bereich zu untersuchen. Manager von 149 Unternehmen füllten einen umfangreichen Fragebogen aus, der dann wissenschaftlich ausgewertet wurde. Der besondere Fokus lag dabei auf dem Bankwesen, dem Versicherungswesen, den Versorgungsunternehmen, der Automobilbranche und der Nahrungs- und Getränkeindustrie.

Die befragten Unternehmen gaben an, dass sich ihrer Meinung nach im Schnitt 24 Prozent der unzufriedenen Kunden auch beschweren, und zwar vor allem per E-Mail oder bei einem persönlichen Ansprechpartner. Bei schriftlichen Beschwerden dominierte der klassische Brief. Der Anteil der Querulanten

---

81 Vgl. Stauss/Schöler 2003, S. 18 ff.

betrug 12 Prozent, die Hälfte der Beschwerden wurde als objektiv gerechtfertigt empfunden.

Die wesentlichen Daten über den Beschwerdevorgang wurden in den meisten Unternehmen erfasst, aber oft nicht mit Hilfe einer professionellen Beschwerdemanagementsoftware.

Weiterhin fanden die Wissenschaftler heraus, dass Kundenkritik in Internetforen von den Unternehmen nicht ausreichend zur Kenntnis genommen wird, eine IT-Unterstützung des Beschwerdemanagementprozesses nur teilweise genutzt wird und diejenigen Unternehmen am meisten von einem guten Beschwerdemanagement profitieren, die auch konkrete Berechnungen zu dessen Profitabilität anstellen.

Dabei sind die Realisierungsgrade des Beschwerdemanagementprozesses zwischen den einzelnen Unternehmen, aber auch zwischen den Branchen sehr unterschiedlich. Die Umsetzung eines optimalen Beschwerdemanagementprozesses scheint also laut dieser Studie eher ein unternehmensindividueller Vorgang zu sein.

Das größte Defizit liegt demnach beim Beschwerdemanagement-Controlling, sodass die relevanten Daten über das Reporting nicht vollständig bis in das Top-Management gelangen können.

Das Ergebnis der Studie ist, dass das Beschwerdemanagement in den untersuchten deutschen Großunternehmen zum Zeitpunkt der Befragung einen beachtlichen Stellenwert hat, es wird vom Management als strategisch wichtig eingestuft und als wertvolle Informationsquelle angesehen. Der direkte Beschwerdemanagementprozess wird konsequent erfüllt, der indirekte Prozess wird eher vernachlässigt, eine optimale Umsetzung der Informationen aus den Beschwerden zum Vorteil für das Unternehmen ist somit nicht gegeben.

Hervorzuheben ist erstens, dass die Studie bereits zehn Jahre alt ist und die Ergebnisse daher auch im Hinblick auf die rasante Entwicklung der Informationstechnologie beispielsweise im Bereich Social Media im letzten Jahrzehnt nicht mehr ohne Weiteres aktuell sind. Hinzu kommt, dass ausschließlich vorwiegend im B2C-Bereich tätige deutsche Großunternehmen untersucht wurden. Die Ergebnisse sind daher nicht ohne Weiteres auf KMU oder auf den B2B-Bereich übertragbar. Unternehmen im Technologiesektor spielten eine untergeordnete Rolle, auch hier sind die Gesamtergebnisse nicht unmittelbar übertragbar.

4.1.2 Beschwerdemanagement in deutschen Unternehmen: eine branchenübergreifende Erhebung des State of Practice (Homburg/Fürst 2003[82])

Weiterhin veröffentlichten Christian Homburg und Andreas Fürst im Jahr 2003 die Studie „Beschwerdemanagement in deutschen Unternehmen: Eine branchenübergreifende Erhebung des State of Practice".

Diese Studie sollte ein repräsentatives Bild der Beschwerdemanagement-Praxis in deutschen Unternehmen aus acht verschiedenen Branchen mit mehr als 200 Mitarbeitern und mehr als 50 Mio. Euro Jahresumsatz zeichnen. Es wurden Beschwerdemanagement-Verantwortliche von 1.120 Unternehmen befragt, von denen sich 287 an der Studie beteiligten. Dabei hatte knapp ein Viertel der teilnehmenden Unternehmen 200–499 Mitarbeiter, 9 Prozent gaben bei der Befragung an, unter dem Jahresumsatz von 50 Mio. Euro zu liegen. Untersucht wurden Unternehmen des Bankwesens, des Versicherungswesens, des Einzel- und Versandhandels, des Tourismusgewerbes, des Gastgewerbes und des Transportwesens, des Maschinen- und Anlagenbaus, der Metallindustrie, der Chemie-, Pharma- und Elektroindustrie.

Das Ergebnis der Studie ist auch hier, dass die Bedeutung des Beschwerdemanagements von den befragten Unternehmen insgesamt als hoch eingeschätzt wurde. Dabei spielte es auch eine Rolle, welche Position der Befragte innehatte. So schätzten Leiter des Qualitätsmanagements die Relevanz des Beschwerdemanagements sogar noch deutlich höher ein als Leiter des Beschwerdemanagements selbst oder als Vorstands- oder Geschäftsführungsmitglieder, etwas geringer wurde sie von Marketing- oder Vertriebsleitern oder Kundendienstleitern eingeschätzt.

Knapp ein Viertel der Unternehmen besaß ein hochprofessionelles, die Hälfte ein mittelmäßig einzustufendes Beschwerdemanagement. Ein gutes Viertel der Unternehmen hatte ein Beschwerdemanagement, das als niedrig professionell einzustufen war. Dabei fiel auf, dass bei der Selbsteinschätzung der Professionalität in diesem Bereich eine große Lücke zwischen Wahrnehmung und Realität bestand.

Organisatorisch war das Beschwerdemanagement in knapp der Hälfte der Unternehmen im Bereich Qualitätsmanagement angesiedelt, in knapp vierzig Prozent der Fälle beim Kundendienst, im Vertrieb oder im Marketing und in ca. 20 Prozent in sonstigen Bereichen wie Geschäftsleitung oder Vorstand, Revision, Anwendungstechnik oder Unternehmenskommunikation.

Dabei benutzten 63 Prozent der Unternehmen eine entsprechend angepasste Standardsoftware wie Access-Datenbanken, Excel-Tabellen oder Eigenentwick-

---

82 Vgl. Homburg, Christian/Fürst, Andreas: Beschwerdemanagement in deutschen Unternehmen. Eine branchenübergreifende Erhebung des State of Practice. Mannheim 2003.

lungen beziehungsweise sonstige Software. Nur 18 Prozent verwendeten ein kommerzielles Beschwerdemanagementmodul.

Auffällig war, dass die Unternehmen der Chemie- und Pharmabranche durchschnittlich über das professionellste Beschwerdemanagement verfügten. Dies dürfte im Pharmabereich in der Sorge vor rechtlichen Konsequenzen und im Chemiebereich in der geringeren Anzahl der Kunden begründet sein.

Hervorzuheben ist erstens, dass auch diese Studie bereits zehn Jahre alt ist und die Ergebnisse auch in dieser Studie im Hinblick auf die technologische Entwicklung im letzten Jahrzehnt möglicherweise nicht mehr aktuell sind. Es wurden größere deutsche Unternehmen untersucht, die im Gegensatz zur Studie von Stauss/Schöler jedoch teilweise noch zu den KMU gehören und außer im B2C-Bereich auch im B2B-Bereich tätig waren bzw. sind. Auch waren in dieser Studie mehr Technologieunternehmen vertreten, sodass man insgesamt feststellen kann, dass die Gesamtergebnisse dieser Studie bedingt auf KMU oder auf den B2B-Bereich übertragbar sind.

Im Jahr 2010 veröffentlichten Christian Brock u. a. eine Ergänzung zu der Studie von Homburg/Fürst. Sie untersuchten hierbei die Beschwerdezufriedenheit im B2B-Kontext.

Sie konnten belegen, dass im B2B-Kontext aus Kundensicht prinzipiell dieselben Kriterien eine Rolle spielen wie im B2C-Bereich, dass die Gewichtung allerdings anders liegt. Das Beschaffungsverhalten ist im B2B-Bereich rationaler, die professionelle Abwicklung der Beschwerde damit wichtiger als im B2C-Bereich. Das Verhalten der Mitarbeiter im Beschwerdemanagement spielt eine vergleichsweise untergeordnete Rolle.

Ein Ergebnis war auch, dass die Beschwerdezufriedenheit keinen Einfluss auf die Kundenbindung nach der Beschwerde hatte. Dies dürfte im Gegensatz zum B2C-Bereich auf die stärkere Bindung eines Unternehmens an seinen Lieferanten, beispielsweise wegen hoher Wechselkosten, zurückzuführen sein. Hier steht also eher die Gesamtbeziehung im Vordergrund, die Kompromissbereitschaft zugunsten einer harmonischen Geschäftsbeziehung scheint insgesamt höher zu sein als bei B2C-Kunden. Zudem fallen Entscheidungen bezüglich des Lieferanten rationaler aus, je höher der Wert des Beschwerdeobjektes ist.[83]

4.2 KMU in Deutschland

Im Jahr 2010 zählte die überwiegende Mehrheit (99,3 Prozent) der deutschen Unternehmen zu den KMU. Rund 1,7 Millionen dieser Unternehmen galten als Kleinstunternehmen, nur etwa 14.600 als Großunternehmen. Untersucht

---

[83] Vgl. Brock, Christian u. a.: Beschwerdemanagement im B2B-Sektor: Replikation und Erweiterung. In: Die Betriebswirtschaft 01/2010, S. 27–41.

wurden Unternehmen im Verarbeitenden Gewerbe, in der Energie- und Wasserversorgung, im Handel, im Gastgewerbe sowie in Teilen der sonstigen Dienstleistungsbranchen. Mehr als 60 Prozent der rund 24,9 Millionen Beschäftigten arbeiteten in KMU. Sie waren 2010 für knapp ein Drittel des Umsatzes verantwortlich.[84]

Aus qualitativer Sicht zeigt sich die Besonderheit von deutschen KMU vor allem im gesellschaftlichen und im wirtschaftlichen Nutzen. Die Beziehungen zwischen Unternehmensführung, Kunden, Lieferanten und Mitarbeitern sind durch persönlichen Kontakt gekennzeichnet. Eine bedeutende wirtschaftliche Funktion erfüllen sie im Bereich der Güterversorgung zur individuellen Bedarfsdeckung, dabei sichern sie den Wettbewerb und beschränken damit den Monopolismus. Durch die Möglichkeit der KMU, schnell und flexibel auf sich ändernde Bedürfnisse der Kunden oder auf Rezessionserscheinungen zu reagieren, tragen sie zur wirtschaftspolitischen Stabilisierung bei.[85]

Besondere Merkmale der KMU sind aus objektiver Sicht dabei die Autonomie der Unternehmen, Entscheidungszentralisation, geringer Formalisierungsgrad, Vorherrschen informeller Kommunikationskanäle, das Unternehmen als alleinige Einkommensquelle für den Kapitalgeber und eine vorherrschende Ein-Linien-Organisation, seltener auch eine Stab-Linien-Organisation.

Aus Unternehmenssicht sind KMU durch die Unternehmerpersönlichkeit geprägt, es besteht die Fähigkeit zur Erbringung individualisierter, differenzierter Leistungen nach Maß, Denken und Handeln sind eher kurzfristig orientiert.[86]

In Kleinunternehmen herrscht eine Teamstruktur, die Koordination beruht meist auf direkter Abstimmung ohne Formalitäten und Spezialisierungen. Dies macht sie sehr flexibel, bei steigender Komplexität der Geschäftstätigkeiten und steigender Anzahl der Mitarbeiter kann dies jedoch zu Problemen führen.[87] Neu gegründete Klein- und Kleinstunternehmen sind oftmals Träger von Innovationen in High-Tech-Branchen.[88]

In mittelgroßen Unternehmen gibt es in der Regel eine Trennung zwischen kaufmännischen und technischen Funktionsbereichen, es finden sich meist zwei Hierarchieebenen: die Geschäftsleitung auf der oberen Ebene und die funktionalen Bereiche mit Materialwirtschaft, Produktion, Vertrieb und Verwaltung darunter. Mit der Spezialisierung nimmt auch der Bedarf an deutlich strukturierten Prozessen zu.[89]

---

84 Vgl. Statistisches Bundesamt: Kleine und mittlere Unternehmen, Mittelstand. 2013. URL: https://www.destatis.de/DE/ZahlenFakten/GesamtwirtschaftUmwelt/UnternehmenHandwerk/KleineMittlereUnternehmenMittelstand/KleineMittlereUnternehmenMittelstand.html. Stand 19.6.2013.
85 Vgl. Foyer, Caroline: Beratungsbedarf und Beratungsverhalten kleiner und mittlerer Unternehmen. Bayreuth 2012, S. 22f.
86 Vgl. Foyer 2012, S. 18f.
87 Vgl. Reinemann 2011, S. 57.
88 Vgl. ebenda, S. 13.
89 Vgl. ebenda, S. 58f.

Wenn deutsche KMU in den internationalen Markt vordringen, haben sie es je nach Produktpalette oft schwerer als größere Unternehmen, ihren Informationsbedarf zu decken, weil spezifische Daten fehlen oder schwer zu beschaffen sind. Sie benötigen Daten über das Nachfragepotenzial, die Konkurrenzsituation und die zu erwartenden Kosten sowie die kulturellen und rechtlichen Rahmenbedingungen für jedes einzelne Land, in das expandiert werden soll.[90]

4.3 Besonderheiten des Beschwerdemanagements in KMU, im B2B-Bereich und im Technologiesektor

Spezifische Untersuchungen zum Beschwerdemanagement in KMU wurden nicht gefunden. Die in Kapitel 3 beschriebenen Abläufe im Beschwerdemanagementprozess sind prinzipiell auch für KMU verpflichtend, wenn sie ein optimal funktionierendes Beschwerdemanagement haben wollen. Aufgrund ihrer begrenzten finanziellen, personellen und zeitlichen Ressourcen ist davon auszugehen, dass sie oftmals pragmatischer an das Thema herangehen müssen. Weiterhin erfordert und ermöglicht der bei KMU typische enge Kundenkontakt eine andere Herangehensweise an Beschwerden, als sie bei großen Unternehmen mit eher unpersönlichem Kundenkontakt üblich ist. Dennoch sollten sich auch KMU kritisch mit ihrem Umgang mit Beschwerden auseinandersetzen und mit dem geschilderten optimalen Vorgehen vergleichen, um Schwachstellen und Verbesserungspotential zu identifizieren.

In der ISO Norm 10002:2005-04 wird in Anhang A erläutert, welche Bereiche für kleine und mittelständische Unternehmen wichtig sind, um einen einfachen Prozess für ein effektives Beschwerdemanagement etablieren zu können. Sie sollten demnach offen sein für Beschwerden, sie erfassen und protokollieren, beim Kunden den Eingang bestätigen und sie intern nach Wichtigkeit bewerten. Weiterhin wird eine schnelle Klärung, Information des Kunden und dessen Zufriedenstellung angeraten. Eine Dokumentation und regelmäßiges Reporting der Beschwerden sowie Austausch mit Unternehmen derselben Branche zum Thema Beschwerdemanagement werden ebenfalls empfohlen.[91]

Der Beschwerdemanagementprozess im B2B-Bereich läuft genauso ab wie im B2C-Bereich. Firmen im B2B-Bereich haben aber häufig wesentlich weniger Beschwerden zu bearbeiten als Firmen im B2C-Bereich, weil bessere Voraussetzungen für optimale Prozesse im Sinne des Kunden herrschen. Es gibt meistens eine klare Definition, welche Kundenanforderungen erfüllt werden müssen, die Organisationsstruktur ist besser darauf abgestimmt, Kundenprobleme zu lösen

---

90 Vgl. Keuper, Frank: Internationalisierung deutscher Unternehmen. Strategien, Instrumente und Konzepte für den Mittelstand. Wiesbaden 2009, S. 82f.
91 Vgl. Graebig 2006, S. 109f.

und es gibt oftmals eigene Kundenverantwortliche, die für die Integration von Marketing-, Vertriebs- und Serviceaufgaben sorgen.[92]

Der B2B-Bereich ist charakterisiert durch weniger Kunden, längere Geschäftsbeziehungen und einen durchschnittlich höheren Wert der Transaktionen als im B2C-Bereich. Dies führt dazu, dass der Wert des einzelnen Kunden im B2B-Bereich relativ hoch ist. Es gibt nur wenig wissenschaftliche Erkenntnisse bezüglich des Beschwerdemanagements im B2B-Bereich, erwiesen ist aber, dass auch hier eine gute Beschwerdebearbeitung oftmals die Gesamtzufriedenheit erhöht, dies jedoch nicht pauschal der Fall ist.[93]

B2B-Kunden sind zudem eher bereit, zugunsten der Aufrechterhaltung ihres B2B-Netzwerks und ihrer Lieferantenbeziehungen Kompromisse bei der Freundlichkeit während der Beschwerdebearbeitung einzugehen. Sie neigen dazu, Transaktionen mit ihrem Lieferanten umso rationaler zu beurteilen, je höher der Wert des Kaufobjektes ist. Umgekehrt ist allerdings auch keine festere Kundenbindung nach erfolgreich abgewickelter Beschwerde zu beobachten, wie es im B2C-Bereich der Fall ist.[94]

Die im Abschnitt 4.1 vorgestellten Studien beschäftigten sich zum größten Teil mit Großunternehmen im B2C-Bereich. Die untersuchten Branchen lagen dabei teilweise auch im Technologie-Sektor. Dennoch sind die Ergebnisse der Studien nicht ohne Weiteres auf den gesamten Technologie-Sektor übertragbar. Spezifische Untersuchungen zum Beschwerdemanagement in technologisch orientierten Unternehmen waren nicht zu finden.

---

92 Vgl. Interview mit Prof. Dr. Bernd Stauss in der Zeitschrift acquisa Special Kundenservice, Vol. 55, Heft 08/2009, S. 60.
93 Vgl.: Brock u. a. 2010, S. 28.
94 Vgl. Gruber, Thorsten u. a.: Complaint resolution management expectations in an asymmetric business-to-business context. In: Journal of Business & Industrial Marketing 2010 Vol. 25 Heft 5, S. 361f.

5 Ist-Analyse des Beschwerdemanagements in KMU der Branchen Biotechnologie, Medizintechnik und Umwelttechnik in Bayern

5.1 Die Branchen Biotechnologie, Medizintechnik und Umwelttechnik in Bayern, Deutschland und im internationalen Umfeld

5.1.1 Die Biotechnologie-Branche

Der Mensch macht sich biologische Vorgänge schon seit mehreren tausend Jahren in Form von Gärungs- und Fermentationsprozessen zunutze. Dies geschah anfangs zum Zwecke der Herstellung oder Konservierung von Lebensmitteln. Im 17. Jahrhundert erfolgte die Entdeckung der Zellen und Mikroorganismen. Mitte des 19. Jahrhunderts begann man den Mechanismus von Infektionskrankheiten zu verstehen und 1928 entdeckte Alexander Fleming durch Zufall das Penicillin, das als biologisch produziertes Antibiotikum die Medizin revolutionieren sollte.

Die moderne Biotechnologie ist eine sehr junge Branche, deren Fundament in den 1960er Jahren mit der Entschlüsselung von Struktur und Aufbau des Erbguts als Grundbaustein des Lebens gelegt wurde. Dadurch konnten Gene und deren Proteine entschlüsselt, modifiziert und für medizinische und industrielle Zwecke nutzbar gemacht werden. In Deutschland etablierte sich die kommerzielle Biotechnologie erst Mitte der 1990er Jahre. Sie ist eine innovationsreiche, sich dynamisch entwickelnde Branche, was schon daraus ersichtlich ist, dass die Zahl der Patente seit über einem Jahrzehnt jährlich um 25 Prozent steigt.[95]

Im Jahr 2011 war in Deutschland knapp die Hälfte der Biotechnologie-Firmen auf dem Feld der roten Biotechnologie, also im medizinischen Sektor, tätig. Dieser Tätigkeitsbereich stellt in Deutschland wie auch weltweit den wichtigsten Anwendungsbereich der kommerziell genutzten Biotechnologie dar. Ein weiteres Drittel der Firmen hat sich innerhalb der deutschen Biotech-Branche mit Dienstleistungen, als Auftragsproduzent oder als Zulieferer spezialisiert. Eine zunehmende Bedeutung gewinnt derzeit die weiße Biotechnologie mit der industriellen Entwicklung von technischen Enzymen, Biomasse-Verwertungsanlagen oder biotechnologischen Produktionsprozessen.

Die durchschnittliche deutsche Biotechnologie-Firma ist zehn Jahre alt. Die Mehrheit der Firmen ist klein, rund 40 Prozent der Firmen haben weniger als 10 Mitarbeiter, weitere 40 Prozent der Firmen beschäftigen 10–50 Mitarbeiter. Im Jahr 2011 beschäftigten lediglich 1,5 Prozent Firmen mit Schwerpunkt Biotechnologie in Deutschland mehr als 250 Mitarbeiter. Damit ist die Branche eindeutig geprägt von kleinen und mittelgroßen Unternehmen, der Umsatz der Branche lag in Deutschland im Jahr 2011 bei 2,6 Mrd. Euro mit steigender Tendenz, wobei in vielen Unternehmen die Biotechnologie nur einen Teil des Geschäfts ausmacht. Das größte Problem der Branche ist die Finanzierung der meist kostenintensiven Forschungs- und Entwicklungsprojekte, was unter anderem ein Grund dafür ist, dass die Branche gekennzeichnet ist durch Verflechtungen mittels Kooperationen.[96]

In Bayern gibt es derzeit ca. 200 in der Biotechnologie aktive Unternehmen. Hauptstandorte sind dabei Martinsried bei München, Regensburg und Nordbayern.[97] Der überwiegende Teil dieser meist kleinen und mittelgroßen Unternehmen ist auf dem Gebiet der präklinischen und klinischen Entwicklung von Therapeutika und Diagnostika im medizinischen Umfeld tätig. Weitere Biotechnologieunternehmen in Bayern beschäftigen sich mit neuen, industriell herstellbaren Substanzen für unterschiedliche Bereiche des täglichen Lebens, mit Bioinformatik, Umweltbiotechnologie und auch Innovationen für den Nahrungsmittelsektor.[98]

---

95 Vgl. Pilz 2010, S. 6ff.
96 Vgl. Mietzsch, Andreas: BioTechnologie. Das Jahr-und Adressbuch 2013. 26. Jahrgang. Berlin 2012, S. 17ff.
97 Vgl. Bayerisches Staatsministerium für Wirtschaft, Infrastruktur, Verkehr und Technologie (Hg.): Cluster-Offensive Bayern. Im Netzwerk zum Erfolg. München 2012. Abrufbar im Internet. URL: http://www.cluster-bayern.de/fileadmin/Web-Dateien/Dokumente/wirtschaft/Cluster_Offensive_Bayern_2012.pdf. S. 22, Abgerufen am 27.6.2013.
98 Vgl. BIO M Biotech Cluster Development GmbH (Hg): Biotech in Bavaria - Rollercoaster to Innovation Report 2012/13. München 2013. Abrufbar im Internet. URL: http://www.bio-m.org/fileadmin/user_upload/Publikationen/2012-13_Bavarian_Biotech_Report.pdf. S. 8f. Stand 27.6.2013.

5.1.2 Die Medizintechnik-Branche

Die medizintechnische Industrie hat ihre Wurzeln Ende des 19. Jahrhunderts und beginnt mit der Entwicklung der ersten Röntgengeräte. In den letzten hundert Jahren hat sich die Medizintechnik enorm weiterentwickelt, dabei ist sie geprägt von der Elektromedizin. Deutschland hatte bereits vor dem Zweiten Weltkrieg eine Spitzenposition in der elektromedizinischen Weltproduktion inne. In den Siebzigerjahren des letzten Jahrhunderts ging mit der rasanten Entwicklung der Computertechnologie ein Innovationsschub in der Medizintechnik einher, der beispielsweise die Entwicklung von hochauflösenden Computertomographen oder Ultraschallgeräten ermöglichte.[99]

Für den Wirtschaftsstandort Deutschland ist der Weltmarkt für Medizintechnik mit ca. 220 Mrd. Euro Umsatz jährlich von großer Bedeutung. Der Umsatz der deutschen Medizinprodukteunternehmen lag im Jahr 2012 bei 22,2 Mrd. Euro. Deutschland ist weltweit nach den USA und Japan der drittgrößte Markt für Medizinprodukte, als Produktionsstandort steht Deutschland ebenfalls an dritter Stelle. Deutschland lag im Jahr 2012 beim Export mit einem Welthandelsanteil von 14,6 Prozent nach den USA (30,9 Prozent) an zweiter Stelle, während Japan an dritter Stelle (5,5 Prozent) lag. Die deutsche Exportquote lag 2012 bei 67 Prozent.[100] Insgesamt ist die Branche in Deutschland stark durch kleine und mittelgroße Firmen geprägt: Rund 95 Prozent der medizintechnischen Unternehmen haben weniger als 250 Beschäftigte.[101]

In Bayern existieren rund 530 Unternehmen im Medizintechnik-Bereich, wobei um die 10 Mrd. Euro Umsatz getätigt werden. Wichtige Standorte bayerischer Medizintechnik-Hersteller sind München und Nürnberg.[102] Technologieschwerpunkte sind medizinische Bildgebung, minimalinvasive medizinische Technologien, Elektronik und Informationstechnologie, Biomaterialien und Pharma.[103] Etwa 70 Prozent dieser Produkte aus Bayern werden exportiert.[104] Die Hälfte der bayerischen Medizintechnik-Unternehmen hat weniger als 50 Mitarbeiter, die Branche in Bayern ist geprägt von kleinen und mittelgroßen Unternehmen.[105]

---

99 Vgl. Schmitt-Rüth, Stephanie/Esslinger, Susanne/Schöffski, Oliver: Der Markt für Medizintechnik. Analyse der Entwicklungen im Wandel der Zeit. Burgdorf 2007, S. 39ff.
100 Vgl. Bundesministerium für Gesundheit: Was sind Medizinprodukte. 2013. URL: http://www.bmg.bund.de/gesundheitssystem/medizinprodukte/definition-und-wirtschaftliche-bedeutung.html. Stand 27.6.2013.
101 Vgl. Bundesverband Medizintechnologie e. V. 2013, S. 4f.
102 Vgl. Forum MedTech Pharma e. V.: Der Medizintechnik-Standort Bayern. Branchenstruktur Medizintechnik in Bayern 2012. Nürnberg 2013. URL: http://www.medtech-pharma.de/deutsch/branchen-infos/standort-bayern/standort-bayern.aspx. Stand 7.7.2013.
103 Vgl. Bayerisches Staatsministerium für Wirtschaft, Infrastruktur, Verkehr und Technologie (2012), S. 24.
104 Vgl. Invest in Bavaria- die Ansiedlungsagentur des Freistaates Bayern: Medizintechnik. München 2013. URL: http://www.invest-in-bavaria.com/branchenvielfalt/medizintechnik.html. Stand 26.6.2013.

5.1.3 Die Umwelttechnik-Branche

Seit der Mensch die Erde besiedelt, verursacht er dabei Umweltschäden. Diese blieben in vor- und frühindustrieller Zeit eher regional begrenzt und reversibel, in der Neuzeit ging die Tendenz dann zu flächendeckenden, irreparablen Schäden an der Umwelt. Durch Ereignisse wie das Reaktorunglück in Tschernobyl wuchs in den 1980er Jahren ein breiteres Verständnis für den hohen Stellenwert des Umweltschutzes. Parallel dazu entstand die Umwelttechnik als Technologie zur Bekämpfung von durch Menschen verursachten Schäden an der Natur.[106]

Aktuelle Probleme im Umweltbereich werden ausgelöst oder verschärft durch die demografische Entwicklung auf der Erde, Urbanisierung, Globalisierung, Ressourcenknappheit und die Folgen des Klimawandels. Herausforderungen für die Zukunft sind umweltfreundliche, effiziente und speicherbare Energieformen, eine dezentrale Energieversorgung mit der zugehörigen neuen Infrastruktur („smart grids"), Sicherung der Mobilität, Kreislaufwirtschaft („Recycling") und nachhaltige Wasserwirtschaft.[107]

Die Umwelttechnikbranche ist eine typische Querschnittsbranche. Viele Unternehmen aus „klassischen" Industriezweigen wie der Elektrotechnik, dem Maschinen- oder Fahrzeugbau haben in die Umwelttechnik diversifiziert.

Die sechs Leitmärkte der Umwelttechnik und Ressourceneffizienz sind umweltfreundliche Energien und Energiespeicherung, Energieeffizienz, Rohstoff- und Materialeffizienz, nachhaltige Mobilität, Kreislaufwirtschaft und nachhaltige Wasserwirtschaft. Zunehmend gefragt sind dabei Verfahren und Dienstleistungen, die auf Umweltverträglichkeit und Effizienz setzen.

Im Jahr 2011 lag das Volumen des globalen Marktes für Umwelttechnologien bei 2.044 Mrd. Euro, den größten Anteil daran stellte mit 35 Prozent der Leitmarkt Energieeffizienz. Grund hierfür dürften vor allem steigende Energiepreise sowie die Knappheit von Energieressourcen bei steigender Nachfrage sein. International haben deutsche Umwelttechnik-Unternehmen einen Anteil von 15 Prozent am Weltmarkt.[108]

Die deutsche Umwelttechnik-Branche ist mittelständisch geprägt. Kleine und mittlere Unternehmen bilden in Deutschland die große Mehrheit der Unter-

---

105 Vgl. Bayerisches Staatsministerium für Wirtschaft, Infrastruktur, Verkehr und Technologie (Hg.): Publikation: Healthcare in Bavaria. Invest in Bavaria. München 2013. Abrufbar im Internet. URL: http://www.invest-in-bavaria.com/fileadmin/media/documents/publications/Sectors/Healthcare_in_Bavaria_deutsch.pdf. S. 10. Stand 4.7.2013.
106 Vgl. Förstner 2012, S. 4.
107 Vgl. Bundesministerium für Umwelt, Naturschutz und Reaktorsicherheit (Hg.): Green Tech made in Germany 3.0. Umwelttechnologieatlas für Deutschland. Berlin 2012. Abrufbar im Internet. URL: http://www.bmu.de/fileadmin/bmu-import/files/pdfs/allgemein/application/pdf/greentech_3_0_bf.pdf. S. 4ff., Stand 7.7.2013.
108 Vgl. Bundesministerium für Umwelt, Naturschutz und Reaktorsicherheit 2012, S. 4ff.

nehmen in diesem Wirtschaftszweig. Die durchschnittliche Belegschaftsgröße liegt bei rund 300 Mitarbeitern, neunzig Prozent dieser Unternehmen erwirtschaften einen Jahresumsatz von weniger als 50 Mio. Euro. Im Durchschnitt liegt der Jahresumsatz eines Umwelttechnik-Unternehmens in Deutschland bei knapp 27 Mio. Euro.[109]

Die Umwelttechnik-Unternehmen in Bayern sind auf den Gebieten Trink- und Abwasser, Abfall und Recycling, alternative Energiegewinnung (Biomasse), Luftreinhaltung, Ressourceneffizienz und Stoffstrommanagement tätig.[110] Hier sind über 2.000 vorwiegend mittelständische Unternehmen im Bereich Umwelttechnik tätig. Sie bieten Produkte und Dienstleistungen von der Planung, Entwicklung und dem Engineering bis hin zum Anlagenbau und der Modernisierung auf dem internationalen Umweltmarkt an.[111]

Cluster bündeln in Bayern die staatlichen Maßnahmen zur Innovationsförderung mit Netzwerken aus Wirtschaft und Wissenschaft. Die Branchen Biotechnologie, Medizintechnik und Umwelttechnik gehören hier zu den Branchen der High-Tech-Cluster.

5.2 Ziele der Befragung

Ziel der Befragung ist es, den aktuellen Status des Beschwerdemanagements in KMU der drei Branchen Biotechnologie, Medizintechnik und Umwelttechnik zu ermitteln. Dabei werden Fragen zu den Eckdaten der Unternehmen wie Umsatz und Mitarbeiterzahl im Jahr 2012, Branchenzugehörigkeit, Marktstellung, Kundenstruktur und Fragen zu unternehmensinterner Einstellung zum Beschwerdemanagement mit Fragen zum direkten und indirekten Beschwerdeprozess verknüpft. Einerseits soll die Frage beantwortet werden, wie gut der Beschwerdeprozess in die Unternehmen integriert ist und auch umgesetzt wird. Andererseits wird eine mögliche Korrelation dieser Daten mit den Informationen über die Firmen untersucht.

---

109 Vgl. ebenda, S. 4ff.
110 Vgl. Trägerverein Umwelttechnologie-Cluster Bayern e. V.: Umweltcluster Bayern. 2013. URL: www.umweltcluster.net. Stand 17.6.2013.
111 Vgl. Bayerisches Staatsministerium für Wirtschaft, Infrastruktur, Verkehr und Technologie 2012, S. 26.

5.3 Die Befragung

5.3.1 Datenquellen

Die Firmenadressen mit Ansprechpartner für Marketing, Vertrieb oder in der Geschäftsleitung stammen aus der Datenbank „Key Technologies in Bavaria, die bayerische Firmendatenbank" der Bayerischen Gesellschaft für Internationale Wirtschaftsbeziehungen mbH in München. Die Datenbank beinhaltet Adressen von Firmen, die Interesse an geschäftlichen Kontakten ins Ausland haben und von ebenfalls interessierten ausländischen Unternehmen gefunden werden wollen. Abgerufen wurden die Adressen am 3.2.2013.

Es wurden ausschließlich solche Firmen in die Liste aufgenommen, die bei der Abfrage der Datenbank über die Internetseite[112] bei mindestens einer der Branchen Biotechnologie, Medizintechnik oder Umwelttechnik gelistet waren. Weiterhin wurden die Firmen nach Mitarbeiterzahl (maximal 250) und Jahresumsatz (maximal 50 Mio. Euro) gefiltert. Es wurde lediglich nach Dienstleistern, Händlern und Produzenten gesucht. Institutionen und reine Forschungs- und Entwicklungsunternehmen ohne Händler- oder Dienstleistungskomponente wurden bei der Auswahl nicht berücksichtigt, da hier davon auszugehen ist, dass nur geringer bis kein Kundenkontakt besteht, der ein Beschwerdemanagement im Sinne der Definition in Kapitel 2.1 notwendig macht.

Es fanden sich auf diese Weise bei der Biotechnologie 117, bei der Medizintechnik 597 und bei der Umwelttechnik 644 und damit insgesamt 1.358 Unternehmen. Nach Bereinigung der Doppeleinträge (z. B. von Firmen, die unter mehr als nur einer der drei Branchen eingetragen waren) und der Firmen ohne Angabe einer E-Mail-Adresse blieb eine Gesamtheit von 1.234 Kontaktadressen übrig. Beim Verschicken der E-Mails mit der Bitte, den Fragebogen auszufüllen, stellten sich einige E-Mail-Adressen als nicht mehr gültig heraus, sodass eine Grundgesamtheit von 1.117 Firmen übrig blieb, die tatsächlich mit der Befragung erreicht werden konnten.

5.3.2 Methode der Befragung

Die Befragung selbst erfolgte über einen auf der Internetseite der Firma Q-Set in Regensburg erstellten zehnseitigen nicht öffentlichen Online-Fragebogen.[113]

---

112 S. Bayerische Gesellschaft für internationale Wirtschaftsbeziehungen mbH: Key Technologies in Bavaria. Die bayerische Firmendatenbank. München 2013. URL: http://www.bayern-international.de/aktiv-in-bayern/key-technologies-in-bavaria/Stand 3.2.2013.
113 Erstellt bei Goldecker GmbH, Orhalm 6a, 93177 Altenthann bei Regensburg: Q-Set. Fragen kostet nichts. URL: www.q-set.de, Inanspruchnahme Februar bis Juni 2013.

Die angeschriebenen Firmenvertreter wurden in einer E-Mail mit den wichtigsten Fakten und Informationen zum Zweck der Befragung gebeten, einen Link anzuklicken, der direkt zum Fragebogen führte.

Diese E-Mail wurde so persönlich wie möglich gestaltet, der Ansprechpartner wurde direkt mit Namen angesprochen, wenn dieser aus den Adressdaten ersichtlich war. Im Betreff wurden bereits alle Informationen zum Absender und zum Thema der Befragung angegeben, um die Wahrscheinlichkeit zu erhöhen, den Spamfilter beim Empfänger zu umgehen und gleichzeitig möglichst viele Informationen zu vermitteln.

Freiwilligkeit, Vertraulichkeit und Anonymität[114] wurden zugesagt und eingehalten. Aus den Daten der beantworteten Fragebögen ist nicht ersichtlich, wer den Bogen ausgefüllt hat. Der Link zum Fragebogen war jedoch derart konzipiert, dass er nicht zweimal von derselben IP-Adresse ausgefüllt werden konnte. Es gibt keine Pflicht zur Beantwortung jeder einzelnen Frage, mit dem Ziel, die Abbruchquote zu minimieren. Es sind maximal 29 meist geschlossene Fragen zu beantworten, die komplette Bearbeitung dauert bei Beantwortung aller Fragen maximal 6 Minuten. Dabei ist der Fragebogen bewusst kurz gehalten, da in diesem Fall zwar nicht alle interessanten Informationen abgefragt werden können, die Rücklaufquote jedoch nicht durch einen zu langen Fragebogen negativ beeinträchtigt wird.

Durch Sprünge zu Folgefragen ist der Fragebogen an den Bearbeiter angepasst, sodass er nur die Fragen vorgestellt bekommt, die logisch zu seinen vorherigen Antworten passen. Weiterhin ist er in Abschnitte eingeteilt, der Bearbeiter kann sehen, auf welcher Seite er sich befindet, anhand eines Balkens abschätzen, wie viele Fragen schon beantwortet sind, er kann ihn unterbrechen und gegebenenfalls später weiter bearbeiten.

Am Ende der Befragung hat der Bearbeiter die Möglichkeit, seine E-Mail-Adresse anzugeben, um die Ergebnisse der Untersuchung nach Abschluss der Befragung erhalten zu können. Diese Adresse ist nicht mit den Daten im Fragebogen verknüpft, sodass auch hier die Anonymität gewahrt bleibt.

5.3.3 Aufbau der Befragung

Der Fragebogen enthält am Anfang und am Ende Fragen zu den Eckdaten der Firma wie Branchenzugehörigkeit, Marktstellung, Patente, Internationalität, Mitarbeiterzahl, Jahresumsatz im Jahr 2012 und zur Zertifizierung. Im Mittelteil werden Kundenstruktur, die Anzahl und Art der Beschwerden sowie die Bearbeitung und der Bearbeiter der Beschwerden abgefragt sowie, ob die

---

114 Vgl. Kuckartz, Udo: Evaluation Online. Internetgestützte Befragung in der Praxis. Wiesbaden 2009, S. 57.

Beschwerdeinformationen genutzt werden können. Weiterhin hat der Bearbeiter bei einigen Fragen sowie am Schluss die Möglichkeit, eigene Anmerkungen zu machen (s. Anhang 1).

5.4 Ergebnisse

5.4.1 Teilnehmende Unternehmen

Von den 1.117 angeschriebenen Unternehmensvertretern haben 128 den Fragebogen vollständig beantwortet. Damit ergibt sich eine Rücklaufquote von 11,5 Prozent. Der Median der Bearbeitungsdauer betrug 277 Sekunden, das sind etwa viereinhalb Minuten.

Von diesen 128 Fragebögen mussten 8 ausgeschlossen werden, da sie im Jahr 2012 entweder einen Jahresumsatz von mehr als 50 Mio. Euro oder mehr als 250 Mitarbeiter hatten. Somit verbleiben noch 120 von Unternehmensvertretern ausgefüllte Fragebögen, die den KMU-Kriterien entsprechen, wie sie für diese Arbeit festgelegt wurden. Diese werden im Folgenden „untersuchte" oder „teilnehmende" Unternehmen genannt.

Aufgrund kleiner Rundungsfehler im Nachkommabereich kann es im Einzelfall vorkommen, dass sich Prozentzahlen nicht genau auf 100 Prozent summieren. Die Daten, die mit dem Fragebogen erhoben wurden, befinden sich im Anhang dieser Arbeit.

Die im Text teilweise differenziertere Darstellung oder Auswertung der Zahlen aus der Erhebung stammt aus den Rohdaten der Befragung.

5.4.2 Eckdaten der teilnehmenden Unternehmen

Von den befragten Unternehmen gehören hinsichtlich des Jahresumsatzes 45,7 Prozent zu den kleinsten, 44,8 Prozent zu den kleinen und 9,5 Prozent zu den mittelgroßen Unternehmen. (s. Abbildung 3)

Ergebnisse der Befragung

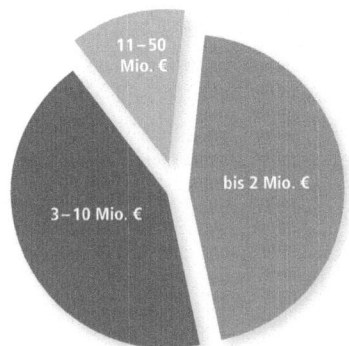

Abbildung 3: Höhe des Jahresumsatzes der teilnehmenden Unternehmen (2012) (Frage 28), 116 Teilnehmer (96,7 Prozent)

Bezüglich der Mitarbeiterzahl ergibt sich ein etwas anderes Bild: Hier gehören 32,2 Prozent zu den kleinsten, 52,5 Prozent zu den kleinen und 15,3 Prozent zu den mittelgroßen Unternehmen (s. Abbildung 4).

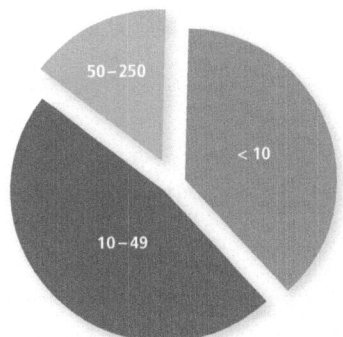

Abbildung 4: Anzahl der Mitarbeiter der teilnehmenden Unternehmen (2012) (Frage 30), 118 Teilnehmer (98,3 Prozent)

Etwa die Hälfte der Unternehmen, die sich an der Umfrage beteiligt haben, gehören damit laut Definition zu den kleinen Unternehmen (66 Unternehmen), gefolgt von den kleinsten (33 Unternehmen) und den mittelgroßen Unternehmen (19 Unternehmen). Betrachtet man die untersuchten Branchen separat, ergibt sich die gleiche Verteilung jeweils innerhalb der Branche. Dabei werden tendenziell die größten Umsätze auch von den mitarbeiterstärksten Unternehmen erwirtschaftet.

Die Frage nach dem Gebiet, auf dem das befragte Unternehmen tätig ist (s. Abbildung 5), ergab, dass 78 der befragten Unternehmen, also knapp zwei Drittel, direkt in mindestens einer der drei Branchen Biotechnologie, Medizintechnik oder Umwelttechnik angesiedelt sind. Das restliche Drittel gab keine der drei Branchen an, sondern lediglich die anderen Tätigkeitsfelder Maschinenbau, Handel, Dienstleistungen, Informationstechnologie oder Elektrotechnik.

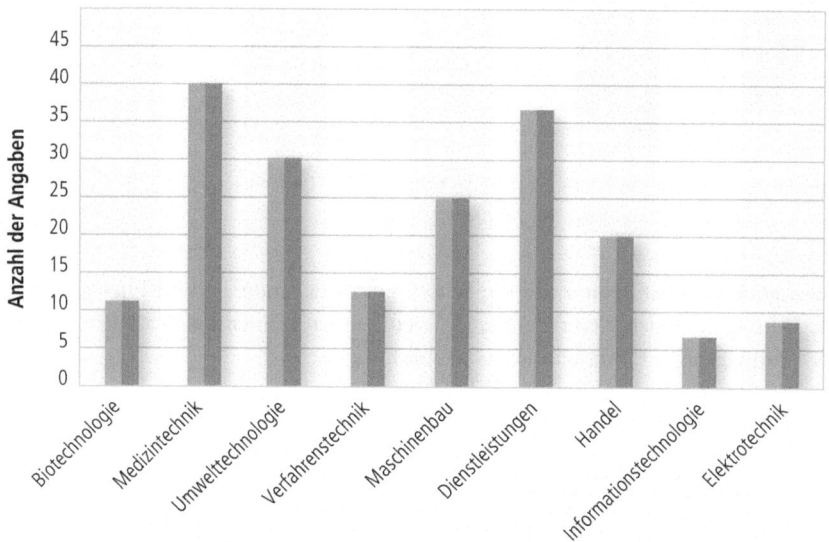

Abbildung 5: „Auf welchen der folgenden Gebiete ist Ihr Unternehmen tätig?" (Frage 1), 120 Teilnehmer (100 Prozent), Mehrfachnennung möglich: 201 Antworten

Nachdem sich alle befragten Unternehmen in der unter Kapitel 5.3.1 beschriebenen Datenbank unter einer der drei Branchen eingetragen haben und den Fragebogen ausgefüllt haben, ist davon auszugehen, dass sie unter anderem für die Unternehmen der drei Branchen tätig sind, ohne vollständig zur Biotechnologie-, der Medizintechnik- oder der Umwelttechnikbranche zu gehören. Daher gehen alle Unternehmen bei der Analyse des Beschwerdemanagements gleichwertig in die Untersuchung ein, denn sie können alle als den untersuchten Branchen zugehörig bezeichnet werden.

Die Frage nach der Zertifizierung der Unternehmen (s. Abbildung 6) wurde erst im Laufe der Befragung in den Fragebogen eingebaut. Dies hat zur Folge, dass 20 Teilnehmer diese Frage nicht gesehen haben und sie daher auch nicht beantworten konnten, darunter die Hälfte der befragten Biotechnologie-Unternehmen. Daher ist die Datengrundlage bei dieser Frage kleiner als bei den anderen Fragen und bezüglich der befragten Branchen verzerrt. Aufgrund der Tatsache, dass die spezifische Branchenzugehörigkeit in dieser Auswertung im Hintergrund steht, kann dies jedoch auch hier vernachlässigt werden.

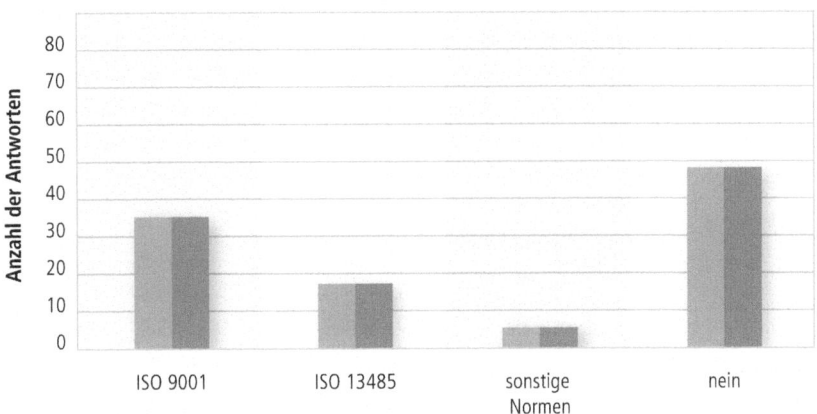

Abbildung 6: „Ist Ihr Unternehmen ISO-zertifiziert?" (Frage 29), 96 Teilnehmer (80 Prozent), Mehrfachnennung möglich: 104 Antworten

Auffällig ist, dass mehr als die Hälfte der Unternehmen keinerlei Zertifizierung vorzuweisen haben (51 Prozent). Die andere Hälfte ist mit absteigender Häufigkeit ISO 9001- oder ISO 13485-zertifiziert bzw. kann eine andere Zertifizierung vorweisen.

Bezüglich ihrer Marktstellung gaben 8,3 Prozent der Unternehmen an, Marktführer zu sein, 35 Prozent gaben an, wenig Konkurrenz zu haben und 56,7 Prozent haben viel Konkurrenz auf ihrem Tätigkeitsgebiet. Zusätzlich gaben drei der Marktführer an, wenig Konkurrenz zu haben, einer gab an, viel Konkurrenz zu haben. Drei der Unternehmen gaben an, sowohl wenig als auch viel Konkurrenz zu haben, was durch unterschiedliche Marktsituationen innerhalb der Produktpalette erklärbar ist.

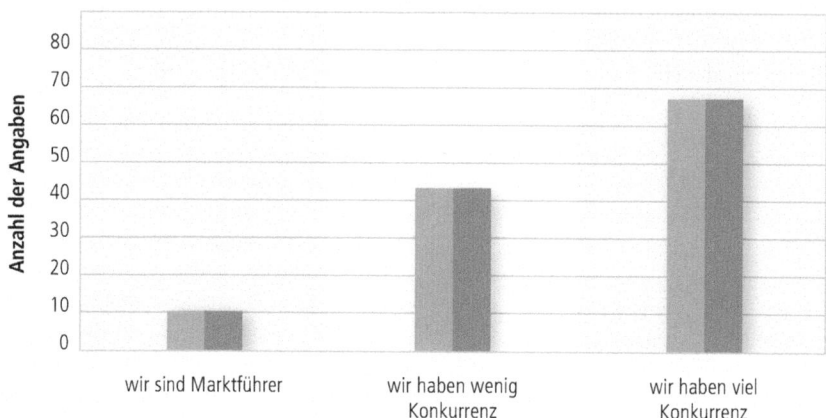

Abbildung 7: „Wie beurteilen Sie die Stellung Ihres Unternehmens im Sektor Bio-, Medizin- und Umwelttechnik?" (Frage 2), 113 Teilnehmer (94,2 Prozent), Mehrfachnennung möglich: 120 Antworten

Insgesamt kann festgestellt werden, dass über die Hälfte der Unternehmen viel Konkurrenz haben. Der Großteil der Marktführer gehört zu den kleinen Unternehmen mit bis zu 10 Mio. Euro Umsatz pro Jahr bzw. 50 Mitarbeitern (s. Abbildung 7).

Die Frage nach den Biotechnologie-, Medizintechnik- und Umwelttechnik-Produkten ihrer Firma und deren Patentsituation beantworteten über 70 Prozent der Unternehmen damit, dass keines ihrer Produkte unter Patentschutz steht (s. Abbildung 8). Über 25 Prozent hatten einige patentierte Produkte, nur 4,4 Prozent gaben an, ausschließlich Produkte in ihrem Portfolio zu haben, die dem Patentschutz unterliegen. Die Frage, ob die Unternehmen auch Patentinhaber sind, kann hier nicht beantwortet werden.

Ergebnisse der Befragung 45

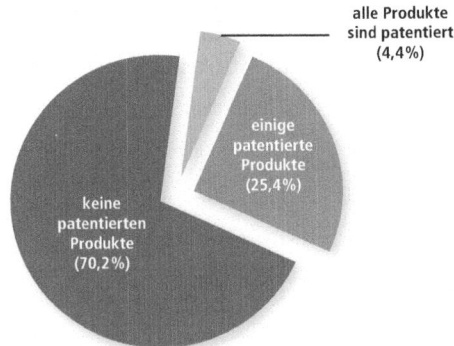

Abbildung 8: „Sind die Bio-, Medizin- und Umwelttechnikprodukte Ihres Unternehmens durch Patente geschützt?" (Frage 3), 114 Teilnehmer (95 Prozent), nur eine Antwort möglich

Die Frage nach der internationalen Geschäftstätigkeit (s. Abbildung 9) wurde von 84 Prozent der Unternehmen mit „ja" beantwortet. Der Grund hierfür ist, dass die Firmenadressen aus einer Datenbank stammen, die internationale Wirtschaftskontakte fördern soll.

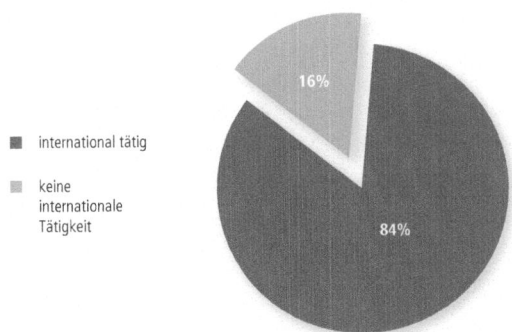

Abbildung 9: „Ist Ihr Unternehmen auch international tätig?" (Frage 4), 119 Teilnehmer (99,2 Prozent), nur eine Antwort möglich

5.4.3 Kundenstruktur der teilnehmenden Unternehmen

In Frage 6 wurden die Unternehmen danach gefragt, ob sie Geschäftskunden oder Privatkunden haben. Dabei gaben 85 Unternehmen (70,8 Prozent) an, ausschließlich Geschäftskunden zu haben. Weiterhin haben 33 Unternehmen

(27,5 Prozent) sowohl Geschäftskunden als auch Privatkunden, lediglich zwei gaben an, ausschließlich Privatkunden zu haben. Damit sind über 98 Prozent der Unternehmen auf dem B2B-Sektor tätig, ein gutes Viertel davon zusätzlich noch auf dem B2C-Sektor.

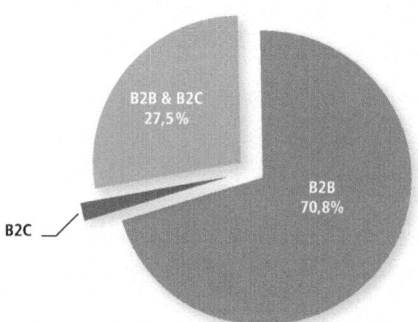

Abbildung 10: „Wer sind Ihre Kunden?" (Frage 6) – Kundenstruktur der teilnehmenden Unternehmen, 120 Teilnehmer (100 Prozent), nur eine Antwort möglich

Auf die Frage, zu welcher Gruppe von Geschäftskunden ihre Kunden gehören, antworteten 116 der 118 Unternehmen im B2B-Bereich wie folgt:

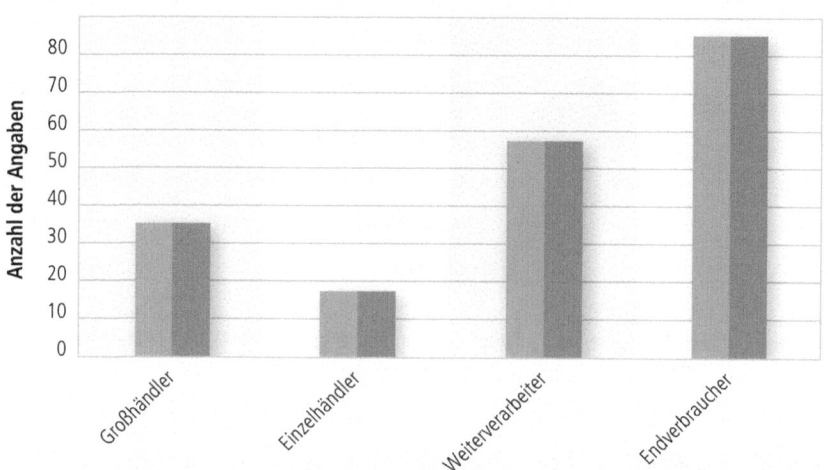

Abbildung 11: „Zu welcher Gruppe von Geschäftskunden gehören Ihre Kunden?" (Frage 7), 116 von 118 Teilnehmern (98,3 Prozent), Mehrfachnennung möglich: 202 Antworten

Dabei wurden im Handel (53,5 Prozent) 40-mal Großhändler und 22-mal Einzelhändler angegeben, 51,7 Prozent (60 Angaben) der Kunden verarbeiten die Produkte weiter und 69,0 Prozent (80 Angaben) der Geschäftskunden sind Endverbraucher.

5.4.4 Kundenbefragungen und Kundeninformation der teilnehmenden Unternehmen

Im Rahmen des Qualitätsmanagements auf dem Gebiet der Kundenzufriedenheit sind regelmäßige Befragungen besonders wichtig, um den Kontakt zum Kunden mit seiner Meinung über das Unternehmen und seine Produkte und Dienstleistungen nicht zu verlieren. Immerhin 35,8 Prozent der teilnehmenden Unternehmen geben an, ihre Kunden mindestens einmal im Jahr nach ihrer Zufriedenheit mit dem Unternehmen zu fragen. Weitere 45,8 Prozent tun dies in unregelmäßigen Abständen. 18,3 Prozent geben an, ihre Kunden nie zu fragen, ob sie mit dem Unternehmen zufrieden sind (s. Abbildung 12).

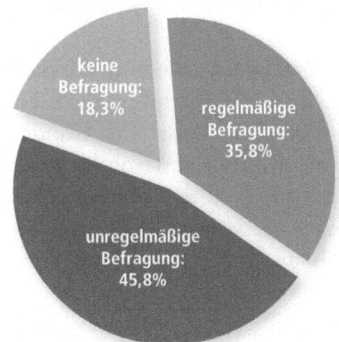

Abbildung 12: „Fragen Sie Ihre Kunden, wie zufrieden sie mit Ihrem Unternehmen sind?" (Frage 5), 120 Teilnehmer (100 Prozent), nur eine Antwort möglich

Als Kontaktmöglichkeit setzen die meisten der Unternehmen auf eine Information im persönlichen Gespräch (77 Angaben, 64,2 Prozent). Weiterhin liefern viele diese Information jederzeit einsehbar über Rechnung oder Lieferschein (41 Angaben, 34,2 Prozent) oder die Internetseite (39 Angaben, 32,5 Prozent), immerhin 15 Unternehmen geben dem Kunden keine Kontaktmöglichkeit an (12,5 Prozent) (s. Abbildung 13).

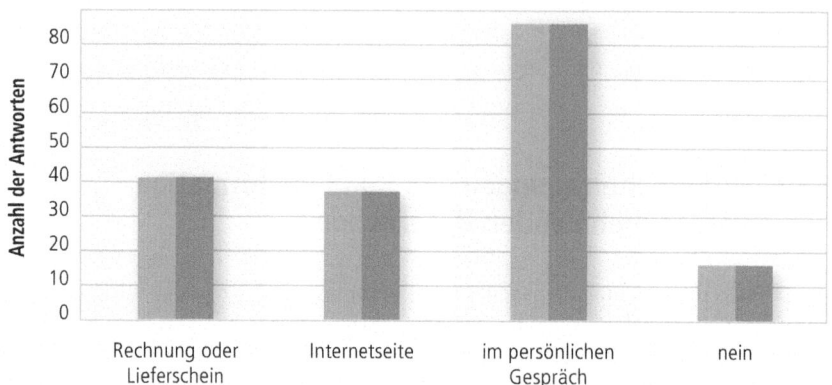

Abbildung 13: „Werden Ihre Kunden deutlich darauf hingewiesen, an wen sie sich wenden können, wenn sie Fragen oder ein Anliegen haben?" (Frage 10), 120 Teilnehmer (100 Prozent), Mehrfachantworten möglich: 175 Antworten

5.4.5 Allgemeine Aussagen über den Beschwerdeprozess

Abbildung 14 zeigt die subjektive Häufigkeit der Beschwerdefälle in den Unternehmen. Lediglich ein einziges Unternehmen gibt an, oft Beschwerden zu bekommen. 4,2 Prozent, nämlich 5 Unternehmen, geben an, dass sich ihre Kunden niemals beschweren (vier davon sind Dienstleister), obwohl vier davon Kundenzufriedenheitsbefragungen durchführen. Immerhin 7,5 Prozent führen keine Statistik und haben damit keinen Überblick über die Beschwerden. Der weitaus größte Anteil der Unternehmen (87,5 Prozent) gibt an, dass sich die Kunden selten beschweren.

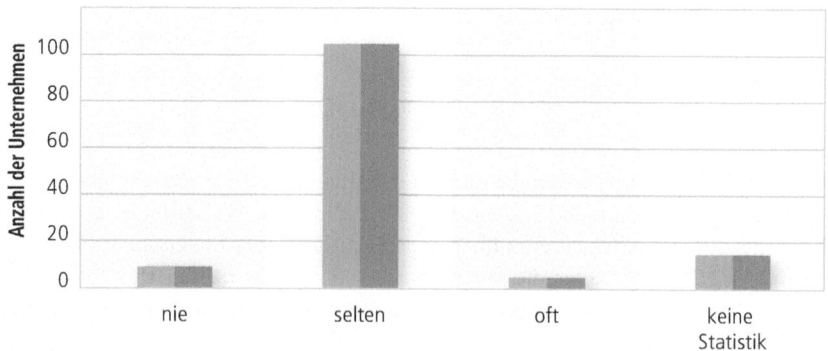

Abbildung 14: „Wie oft tritt der Beschwerdefall in Ihrem Unternehmen auf?" (Frage 11), 120 Teilnehmer (100 Prozent), nur eine Antwort möglich

Ergebnisse der Befragung 49

Die Frage nach den häufigsten Beschwerdegründen (s. Abbildung 15) bei den verbleibenden 115 Unternehmen ergab, dass sich die Kunden am meisten über ein Produkt des Unternehmens beschweren (65 Antworten, 56,5 Prozent), weitere häufige Beschwerdegründe betreffen Geschäftsprozesse (47 Antworten, 40,9 Prozent). Zudem beschweren sich die Kunden über den Service (14 Antworten) oder Zwischenmenschliches (3 Antworten). Andere nicht näher spezifizierte Beschwerdegründe wurden zwanzigmal genannt (17,4 Prozent).

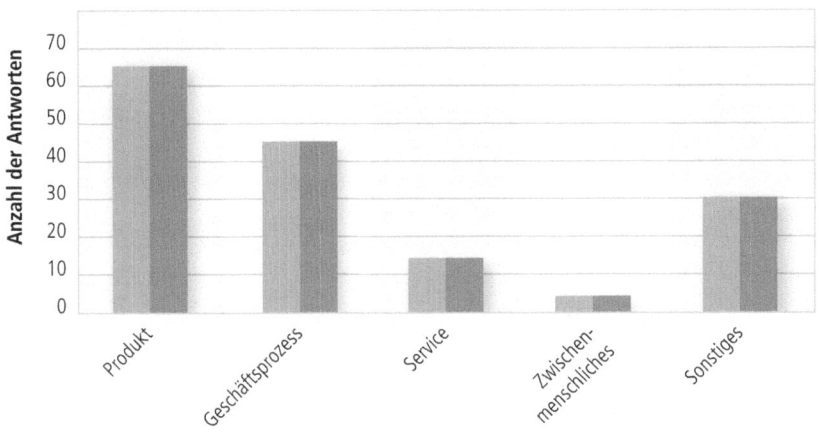

Abbildung 15: „Über welche Themenfelder beschweren sich Ihre Kunden am häufigsten?" (Frage 12); 114 Teilnehmer von 115 (99,1 Prozent), Mehrfachantworten möglich: 149 Antworten

Die meisten Kunden beschweren sich als erstes beim Vertrieb (56 Angaben, 48,7 Prozent) oder der Geschäftsleitung (46 Angaben, 40 Prozent). Auch Key Account Manager und Beschwerdemanager sind erste Ansprechpartner. Unter der Rubrik „Sonstiges" (17 Antworten, 14,8 Prozent) fanden sich viele verschiedene Antworten wie Customer Service, Produktmanager, Projektleiter, Fertigungs- oder Qualitätsleitung oder Betriebsleiter (s. Abbildung 16).

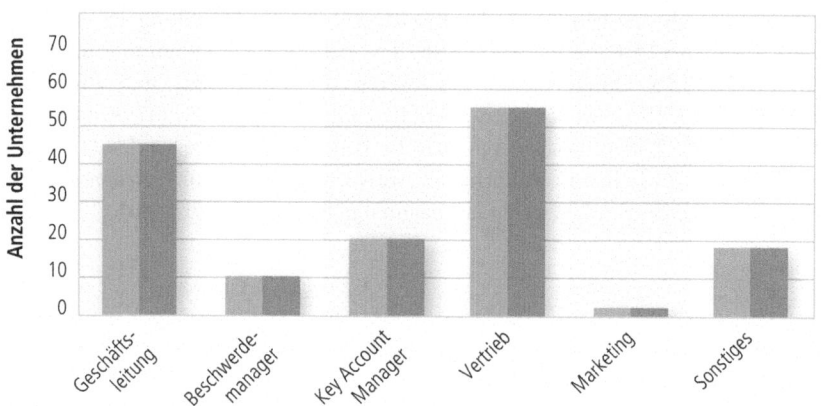

Abbildung 16: „Wo beschweren sich Ihre Kunden als erstes?" (Frage 13), 115 Teilnehmer (100 Prozent), nur eine Antwort möglich

5.4.6 Analyse des direkten Beschwerdeprozesses

Auf die Frage nach einem konkreten Beschwerdemanagementprozess mit vorgeschriebenen Zuständigkeiten und Bearbeitungszeiten (Frage 8) antworteten von 119 Teilnehmern 58 mit „ja" (48,7 Prozent) und 61 mit „nein" (51,3 Prozent). Somit existiert lediglich in etwa der Hälfte der befragten Unternehmen ein solcher definierter Prozess, in der anderen Hälfte nicht.

Von den 58 Unternehmen, die angeben einen definierten Beschwerdemanagementprozess zu haben, setzen 54 diesen Prozess auch um (93 Prozent, Frage 9). In den anderen 4 Unternehmen existiert dieser Prozess nur in der Theorie. Von denjenigen Unternehmen, die einen definierten Beschwerdemanagementprozess haben und ihn nach eigenen Angaben auch umsetzen, geben aber mit den Fragen 5, 22, 23 und 24 nur 43 den kompletten direkten Beschwerdeprozess als verwirklicht an (79,6 Prozent). Von den restlichen führen die meisten Kundenzufriedenheitsbefragungen durch und bestätigen zumindest den Eingang der Beschwerde.

Die Frage „Erfolgt der Ersteingang einer Beschwerde in der Regel schriftlich oder mündlich?" (vgl. Frage 14) wurde von 115 Teilnehmern (also allen, die angeben, Beschwerden zu erhalten) beantwortet. Von diesen gaben 39 (rund 40 Prozent) an, dass der Ersteingang schriftlich erfolgt. Somit erfolgen 60 Prozent der Ersteingänge mündlich.

In den meisten Fällen (rund 83 Prozent) erfolgt der schriftliche Ersteingang über eine E-Mail, in 10 Prozent der Fälle per Post und der Rest per Fax oder über ein Textfeld auf der Internetseite (vgl. Frage 15). Der mündliche Erstein-

Ergebnisse der Befragung

gang erfolgt in rund 88 Prozent der Fälle telefonisch, der Rest im persönlichen Kundenkontakt (vgl. Frage 16).

Die Frage „Wird eine Beschwerde in Ihrem Unternehmen mit einer dafür vorgesehenen Software erfasst?" (Frage 17) beantworteten von 115 Unternehmen mit Beschwerdeeingang lediglich 22 (19 Prozent) mit „ja". Von diesen verwendet die Hälfte eine professionelle Beschwerde-Software, die andere Hälfte greift auf selbst entworfene Vorlagen zurück (vgl. Frage 18). Im Anschluss daran erstellen lediglich 18 dieser Unternehmen einen regelmäßigen Bericht zu den Beschwerden (15,7 Prozent).

Die Frage „Wer bearbeitet letztlich die eingegangene Beschwerde?" (Frage 19) wurde von allen 115 Unternehmen, die angeben, Beschwerden zu erhalten, beantwortet, mit sehr unterschiedlichen Ergebnissen (vgl. Abbildung 17). In der Mehrzahl der Fälle wird von Fall zu Fall entschieden, welcher Mitarbeiter die Beschwerde letztlich bearbeitet (37,4 Prozent). Weiterhin ist die Geschäftsleitung in 32,2 Prozent der Fälle für die Bearbeitung der Beschwerde zuständig. Der direkte Beschwerdeempfänger (6 Prozent), das Qualitätsmanagement (7,8 Prozent) oder Sonstige wie Projektleiter oder Vertriebsmitarbeiter (6 Prozent) bearbeiten die Beschwerde eher selten. In immerhin gut 10 Prozent der Fälle wird die Beschwerde von einem eigens für Beschwerdefälle geschulten Beschwerdemanager bearbeitet (10,4 Prozent).

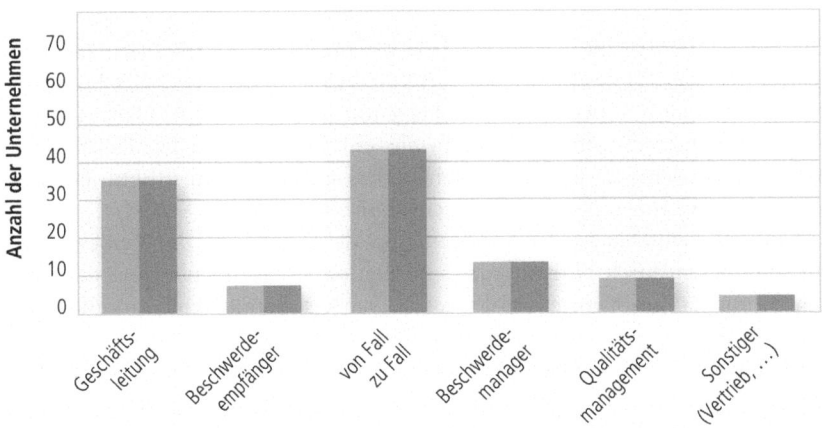

Abbildung 17: „Wer bearbeitet letztlich die eingegangene Beschwerde?" (Frage 19), 115 Teilnehmer (100 Prozent), nur eine Antwort möglich

Von den 12 Unternehmen, die angeben, einen geschulten Beschwerdemanager eigens für Beschwerdefälle zu beschäftigen, geben sieben eine technische, drei eine ingenieurwissenschaftliche und eines eine naturwissenschaftliche Ausbildung des Beschwerdemanagers an. Zwei haben eine betriebswirtschaftliche Ausbildung (vgl. Frage 20: „Welche Ausbildung hat der Beschwerdemanager?"). Die naturwissenschaftlich-technische Ausbildung dominiert hier offensichtlich.

Bei diesen 12 Unternehmen haben vier ihren Beschwerdemanager bei der Geschäftsleitung angegliedert, zwei Unternehmen verfügen über eine eigene Beschwerdeabteilung mit Beschwerdemanager, zwei gehören zum Vertrieb und einer zum Marketing. Weiterhin sind Beschwerdemanager in der Produktion, beim Service oder der technischen Leitung angegliedert (vgl. Frage 21: „Zu welchem Unternehmensbereich gehört der Beschwerdemanager organisatorisch?").

Den Frageteil zur Information des Beschwerdeführers über Eingang und Fortschritt sowie Zufriedenheitsbefragung nach Abschluss der Beschwerde haben 114 von 115 Unternehmen beantwortet, die Beschwerden erhalten (99,1 Prozent, vgl. Fragen 22–24).

70 Prozent der Unternehmen informieren ihren Beschwerdeführer über den Eingang der Beschwerde, etwas weniger (63 Prozent) setzen ihn über den Fortschritt in Kenntnis und wiederum fast 70 Prozent fragen ihn nach Abschluss, ob er mit dem Ausgang der Beschwerde zufrieden ist. Andererseits informiert ein knappes Drittel den Kunden über keinen dieser Schritte.

5.4.7 Analyse des indirekten Beschwerdeprozesses

Die Frage „Werden die Beschwerdefälle regelmäßig zu Berichten zusammengefasst?" (Frage 25) beantworteten 113 von 115 Teilnehmern (98,3 Prozent). Etwa 45 Prozent beantworteten diese Frage mit „ja", mehr als die Hälfte (knapp 55 Prozent) betreibt offenbar kein Beschwerdereporting. In den Fällen ohne Beschwerdeberichte ist davon auszugehen, dass auch keine klar strukturierte Beschwerdeauswertung oder ein Beschwerdecontrolling erfolgt.

Von 112 Teilnehmern (97,4 Prozent) bei der Frage nach der Verbesserung von Produkten durch Nutzung der Information aus Kundenbeschwerden haben 93 mit „ja" geantwortet (83 Prozent). Der Rest konnte seine Produkte bisher nicht durch Beschwerden verbessern (vgl. Frage 27).

Die Frage, ob Kundenbeschwerden schon einmal geholfen haben, Geschäftsprozesse zu verbessern, bejahten 92 (80,7 Prozent) von 114 Teilnehmern (Teilnahmequote 99,1 Prozent).

5.5 Zusammenfassung und Bewertung der Ergebnisse

Im Hinblick auf Jahresumsatz und Mitarbeiterzahl lassen sich in den gewonnenen Daten keine Korrelationen erkennen, wenn man die Unternehmen nach Tätigkeitsgebieten (Branchen) getrennt betrachtet. Daher gehen Branchenzugehörigkeit und Größe der Unternehmen im Folgenden nicht in die Bewertung der Ergebnisse ein, weil sie keinen Einfluss auf das Ergebnis haben. Diese Faktoren werden zugunsten der Analyse des Beschwerdeprozesses in den KMU in den Hintergrund gestellt.

Der Großteil der untersuchten Unternehmen gehört zu den kleinsten oder kleinen KMU, also solchen unter 50 Mitarbeiter oder unter 10 Mio. Euro Jahresumsatz. Über die Hälfte der befragten Unternehmen haben erheblichen Konkurrenzdruck und müssen sich demnach durch besondere Produkte oder Leistungen von der Masse der Konkurrenz abheben. Dies wird noch dadurch verstärkt, dass mehr als 70 Prozent keinerlei Patentschutz auf ihre Produkte vorweisen können, was die Konkurrenzsituation noch zusätzlich verschärft.

Fast alle befragten Unternehmen sind im B2B-Sektor tätig, ein Viertel davon zusätzlich im B2C-Bereich. Die Hälfte der Geschäftskunden sind Händler, davon ungefähr zwei Drittel Großhändler, weiterhin sind die Kunden der Unternehmen zur Hälfte weiterverarbeitende Firmen und zu ca. 70 Prozent Endverbraucher wie zum Beispiel Empfänger einer Dienstleistung. Damit sind die Ergebnisse der Analyse des Beschwerdeprozesses eindeutig im B2B-Bereich anzusiedeln. Ein sehr großer Anteil (84 Prozent) der Unternehmen ist national wie international tätig. Dieser Umstand spielt bei der Beschwerdebearbeitung eine erhebliche Rolle, da die Bearbeitung von Beschwerden ausländischer Firmenkunden zusätzliche Qualifikationen beispielsweise bezüglich Fremdsprachenkenntnissen oder interkultureller Handlungskompetenzen erfordert.

Im Rahmen des Qualitätsmanagements auf dem Gebiet der Kundenzufriedenheit sind regelmäßige Befragungen besonders wichtig, um den Kontakt zum Kunden mit seiner Meinung über das Unternehmen und seine Produkte und Dienstleistungen nicht zu verlieren. Über 80 Prozent der teilnehmenden Unternehmen geben an, ihre Kunden zumindest unregelmäßig nach ihrer Zufriedenheit mit dem Unternehmen zu fragen. Die restlichen Befragten geben an, ihre Kunden nie zu fragen, ob sie mit dem Unternehmen zufrieden sind.

Über die Hälfte der Unternehmen kann keinerlei ISO-Zertifizierung nachweisen, was auch bedeutet, dass es keine verbindlichen Vorgaben für einen strukturierten Umgang mit Beschwerden gibt.

Fast alle 120 Unternehmen geben an, selten Beschwerden zu bekommen. Lediglich ein einziges Unternehmen hat oft mit Beschwerden zu tun, fünf bekommen nach eigenen Aussagen nie Beschwerden. Neun gaben an, keine Statistik zu führen. Von denjenigen, die angeben, nie Beschwerden zu bekommen oder keine Statistik zu führen, hatte die Hälfte viel Konkurrenz.

Wenn es darum geht, dem Kunden unter anderem im Beschwerdefall eine konkrete Kontaktmöglichkeit anzubieten, setzen knapp zwei Drittel der Unternehmen auf eine Information im persönlichen Gespräch. Weiterhin liefert ungefähr je ein Drittel diese Information jederzeit einsehbar über Rechnung oder

Lieferschein beziehungsweise die Internetseite. Immerhin 12,5 Prozent der Unternehmen geben dem Kunden keine Kontaktmöglichkeit an und erschweren es ihm damit, sein Anliegen zu äußern.

Beschwerdegründe betreffen meistens das Produkt oder einen Geschäftsprozess, seltener sonstige Gründe, den Service oder zwischenmenschliche Probleme. Die meisten Kunden (48,7 Prozent) beschweren sich als erstes beim Vertrieb oder der Geschäftsleitung (40 Prozent). Dies deckt sich mit den Angaben aus der Literatur (s. Kapitel 3.3.3). Auch Key Account Manager und Beschwerdemanager sind erste Ansprechpartner. Andere Ansprechpartner wie Qualitätsleitung, Customer Service, Produktmanager, Projektleiter, Fertigungs- oder Betriebsleiter wurden ebenfalls genannt. Die unterschiedlichen Angaben sind wohl auf die verschiedenen Betriebsstrukturen oder einen nicht definierten Beschwerdeprozess zurückzuführen.

In etwa der Hälfte der befragten Unternehmen existiert ein definierter Beschwerdeprozess, wobei die überwiegende Zahl diesen nach eigener Angabe auch in der Praxis umsetzt. Vier Unternehmen gaben jedoch an, zwar einen solchen Prozess definiert zu haben, ihn jedoch nicht anzuwenden.

Der Ersteingang der Beschwerde erfolgt in 60 Prozent der Fälle mündlich, überwiegend per Telefon. In den restlichen 40 Prozent der Fälle erfolgt der Eingang schriftlich, vor allem per E-Mail. Die Beschwerde wird dabei lediglich bei einem knappen Fünftel per Software erfasst, nur in der Hälfte der Fälle davon mit professioneller Beschwerdemanagementsoftware.

Am häufigsten wird danach von Fall zu Fall entschieden, wer die Beschwerde bearbeitet. Auch die Geschäftsleitung nimmt sich oftmals der Beschwerde an. Diese beiden Möglichkeiten machen 70 Prozent der Beschwerdebearbeitungen aus. 10 Prozent werden von einem Beschwerdemanager bearbeitet, in den restlichen Fällen bearbeitet der Beschwerdeempfänger, das Qualitätsmanagement oder ein anderer Mitarbeiter den Fall.

Lediglich 12 der befragten Unternehmen (10 Prozent) gaben an, einen geschulten Beschwerdemanager zu beschäftigen, der in der Regel eine naturwissenschaftlich-technische Ausbildung hat. Vier Beschwerdemanager gehören organisatorisch zur Geschäftsleitung, zwei arbeiten in einer eigenen Beschwerdeabteilung und der Rest in anderen Unternehmensbereichen. Auffällig ist hier, dass zwei von zwölf der Unternehmen mit geschultem Beschwerdemanager keinen definierten Beschwerdeprozess haben. Die anderen zehn haben einen definierten Prozess und setzen ihn auch aktiv um. Die meisten Beschwerden gehen trotz Beschwerdemanager erst beim Vertrieb ein, nur fünf Unternehmen mit Beschwerdemanager haben einen durchgängigen Beschwerdeprozess mit Eingangsbestätigung, Fortschrittsinformation an den Kunden und Zufriedenheitsbefragungen am Ende der Beschwerdeabwicklung. Auch erfasst nur die Hälfte der Beschwerdemanager ihre Beschwerden elektronisch mit einer Software.

Insgesamt ist der direkte Beschwerdeprozess in nur 45 der 120 Unternehmen (37,5 Prozent) komplett durchgängig wie in Kapitel 3 beschrieben (Stimulierung sowie Annahme, Fortschritt, Reaktion jeweils mit Information des Kunden, Zufriedenheitsanalyse). Noch nicht einmal alle Unternehmen, die eine professionelle Beschwerdesoftware verwenden oder einen Beschwerdemanager beschäftigen, haben den kompletten direkten Beschwerdeprozess umgesetzt. Immerhin circa 70 Prozent bestätigen dem Kunden den Eingang und fragen am Ende nach der Zufriedenheit. Die restlichen 30 Prozent haben keinen zufriedenstellenden Beschwerdeprozess vorzuweisen. Dabei ist es unerheblich, wer die Beschwerde bearbeitet. Dies kann zumindest zum Teil daran liegen, dass durch den engen, teils langjährigen Kontakt des Kunden mit dem Ansprechpartner in KMU eine formale Information oft nicht stattfindet, die Beschwerde aber dennoch zur Zufriedenheit abgewickelt wird.

Nur knapp 20 Prozent der Unternehmen erfassen ihre Beschwerden per Software, wiederum nur ein Teil davon (insgesamt 15 Prozent aller befragten Unternehmen) erstellt regelmäßige Berichte zu den eingehenden Beschwerden. Daher ist bei den meisten Unternehmen davon auszugehen, dass keine IT-unterstützte Beschwerdeauswertung oder ein systematisches Beschwerdecontrolling stattfindet.

Dennoch geben 45 Prozent an, regelmäßige Berichte über die Beschwerden zu verfassen, sodass anzunehmen ist, dass 30 Prozent der Unternehmen ihre Beschwerden anderweitig erfassen und dokumentieren, zum Beispiel als Aktennotiz.

Etwa 80 Prozent der Unternehmen geben an, dass sie schon einmal Produkte oder Geschäftsprozesse durch Nutzung von in Beschwerden enthaltenen Informationen verbessern konnten.

Es konnten keine signifikanten Korrelationen innerhalb der Datensätze gefunden werden. So ergab die Untersuchung der Einflüsse der Unternehmensgröße auf das Beschwerdeverhalten keinen Zusammenhang zwischen einem durchgängigen direkten Beschwerdeprozess und der Unternehmensgröße. Bemerkenswert ist lediglich, dass die Hälfte der Beschwerden bei kleinsten Unternehmen letztlich von der Geschäftsführung bearbeitet werden, bei allen untersuchten Unternehmen zusammen ist das lediglich bei einem knappen Drittel der Fall. Dies ist allerdings aufgrund der höheren Wahrscheinlichkeit der Bearbeitung durch die Geschäftsleitung bedingt durch die geringere Mitarbeiterzahl nicht aussagekräftig.

Um einen eventuellen Zusammenhang zwischen Konkurrenz am Markt und dem Beschwerdeverhalten zu überprüfen, wurden die Daten zwischen Marktführern und Unternehmen mit wenig Konkurrenz auf der einen Seite und solchen mit viel Konkurrenz auf der anderen Seite im Vergleich zu einem durchgängigen direkten Beschwerdeprozess untersucht. Bei beiden Gruppen von Unternehmen zeigte sich ein Wert von ca. 40 Prozent (38,5 Prozent bei denjenigen mit viel Konkurrenz, 41,7 Prozent bei denen mit wenig Konkurrenz oder den Marktführern). Bei der gegebenen Anzahl der Datensätze stellt dies keine statistische Auffälligkeit dar.

6 Kritische Betrachtung und Handlungsempfehlungen

6.1 Kritische Betrachtung des Fragebogens

Hinsichtlich der Befragung gibt es zwei Punkte, die genauer betrachtet werden sollten. Zum einen ist die Auswahl der befragten Firmen möglicherweise nicht vollständig repräsentativ für alle KMU der Branchen Biotechnologie, Medizintechnik und Umwelttechnik in Bayern, da alle Adressen aus einer einzigen Datenbank stammen. Diese Datenbank soll der Förderung internationaler Wirtschaftskontakte dienen. Es wäre möglich, dass dadurch eine einseitige Auswahl der Unternehmen erfolgte. Die Zahlen der gefundenen Firmen passen in der Größenordnung zu den Unternehmenszahlen in Kapitel 5.1. Damit kann davon ausgegangen werden, dass die E-Mail mit der Bitte, den Fragebogen auszufüllen, an einen großen Teil der KMU der drei untersuchten Branchen in Bayern mit Kundenkontakt verschickt wurde. Außerdem muss immer in Betracht gezogen werden, dass möglicherweise nur ein bestimmter Typus Mensch bereit ist, einen über einen Link in einer E-Mail verknüpften Fragebogen zu beantworten. Auch dies könnte eventuell zu einer Verzerrung der Ergebnisse beitragen.

Nachdem sich die Firmen selbst in die Datenbank eingetragen haben, kann auch keine absolute Sicherheit bezüglich deren Angaben gegeben werden. Etwas verzerrt wird das Ergebnis der Frage nach der Häufigkeit der Beschwerdefälle im Unternehmen sicherlich dadurch, dass viele Unternehmensvertreter in der Annahme, sie hätten niemals Beschwerden, den Fragebogen nicht ausgefüllt haben. Diese Annahme begründet sich in den zahlreichen Nachfragen per E-Mail zu diesem Thema. Es ist also davon auszugehen, dass der Anteil der

Unternehmen, die der Meinung sind, ihre Kunden hätten keine Beschwerden, deutlich höher ist als in dieser Arbeit festgestellt werden konnte.

Bei der Frage nach regelmäßigen Kundenzufriedenheitsbefragungen wäre die Frage nach der Form (schriftlich oder mündlich, anonym oder öffentlich) interessant gewesen. Menschen, die Kritik äußern wollen, tun dies oftmals lieber schriftlich und anonym als mündlich und damit persönlich, sodass die Form der Befragung einen entscheidenden Einfluss auf die Anzahl der geäußerten Beschwerden und die Deutlichkeit der Kritik haben kann.

Weiterhin stand die Frage nach der ISO-Zertifizierung nicht von Anfang an zur Verfügung, sodass 20 der 120 befragten Unternehmen sie nicht beantworten konnten. Daher ist das Ergebnis hier zwar nicht auf alle Unternehmen übertragbar, nachdem aber der überwiegende Teil der Unternehmen die Gelegenheit hatte, die Frage zu beantworten, kann dieser Fehler vernachlässigt werden.

Bei zwei Fragen im Fragebogen stellte sich nach Beendigung der Umfrage heraus, dass der Anteil an Antworten in der Rubrik „Sonstiges" ungewöhnlich hoch war.

Dies betraf einmal die Frage nach den Beschwerdegründen (Frage Nr. 12). Bei der Beantwortung dieser Frage wurde relativ häufig (20 von 147) „Sonstiges" angegeben, ohne dass es eine Möglichkeit zur Erklärung gegeben hätte. Das macht die Antwort unvollständig, nachdem aber die Hauptgründe mit jeweils 65 beziehungsweise 47 Antworten den größten Teil der Antworten ausmachen, wurden die wichtigsten Beschwerdegründe in jedem Fall erfasst.

Außerdem antworteten in Frage 13 sehr viele Befragte mit „Sonstiges", diesmal allerdings unter Angabe von konkreten Anlaufstellen. Hier stellte sich heraus, dass die Frage nach dem Qualitätsmanagement als eigene Auswahlmöglichkeit angebracht gewesen wäre. Dies hat jedoch keinerlei Auswirkungen auf die Auswertung der Frage.

Abschließend wäre im Nachhinein noch die Frage sinnvoll gewesen, wie hoch der Befragte bzw. das Unternehmen die Wichtigkeit des Beschwerdemanagements im Unternehmen einschätzt. Angesichts der Studienergebnisse aus Kapitel 4.1 und unter Betrachtung der Ergebnisse dieser Arbeit ist anzunehmen, dass die meisten die Wichtigkeit des Beschwerdemanagements als hoch einstufen würden, während die Umsetzung dann, wie in Kapitel 5.5 erläutert, Entwicklungspotential bietet.

Aufgrund der begrenzten Anzahl der Fragen in einem Online-Fragebogen konnten nicht alle interessanten Fragen geklärt werden. Weitere Möglichkeiten zur Untersuchung wären beispielsweise, eine Analyse der Beschwerdestruktur im Hinblick auf Reklamationen oder zusätzlich zu den reinen Kundenbeschwerden noch solche von Lieferanten oder Interessengruppen mit einzubeziehen. Neuerdings greifen Firmen auch im B2B-Bereich bei der Informationssuche im Hinblick auf ihre Kunden und zum gegenseitigen Austausch von Informationen vermehrt auf spezielle Portale im Internet zu. Auch hier wäre die

Frage interessant, inwieweit dies zur Informationssuche in Richtung Kundenzufriedenheit und Beschwerdebearbeitung genutzt wird.

6.2 Kritische Betrachtung der Ergebnisse

Insgesamt kann festgestellt werden, dass in den meisten der untersuchten KMU der Branchen Biotechnologie, Medizintechnik und Umwelttechnik in Bayern kein durchgängig professionelles, klar definiertes und strukturiertes Beschwerdemanagement betrieben wird. Hierzu würden definierte Prozesse, ein klar definierter Ansprechpartner, eine systematische Erfassung der Beschwerden mit einer entsprechenden Software und eine lückenlose Einbindung des Kunden in den gesamten Beschwerdeprozess gehören. Außerdem müssten die Ergebnisse der Beschwerden erfasst, regelmäßig ausgewertet und berichtet sowie für Verbesserungen genutzt werden. Zusätzliches Gewicht hat dieses Ergebnis durch die Internationalität der Unternehmen, die die Komplexität im Beschwerdemanagement erhöht.

Dies bedeutet jedoch keinesfalls, dass das Beschwerdemanagement dieser Unternehmen grundsätzlich schlecht ist, da die besondere Struktur und Arbeitsweise in KMU mit ihrer unmittelbaren Nähe zum Kunden andere als in der Literatur beschriebene Varianten eines guten Beschwerdemanagements zulässt.

Die Beschwerdestimulation als Basis für ein gutes Beschwerdemanagement findet in den meisten untersuchten Unternehmen in Form von Kundenzufriedenheitsbefragungen statt. Fast alle der betrachteten Unternehmen geben an, selten Beschwerden zu bekommen. Es ist anzunehmen, dass der Anteil derer, die niemals Beschwerden erhalten, sogar größer ist als aus der Befragung ersichtlich. Selten oder niemals Beschwerden zu bekommen, heißt leider nicht, dass die Kunden wenig Beschwerden haben, es heißt oftmals lediglich, dass sie keine Beschwerden artikulieren, auch weil sie keinen Ansprechpartner für ihre Anliegen haben oder nicht nach ihrer Meinung gefragt werden. Weiterhin besteht die Möglichkeit, dass Beschwerden beispielsweise gegenüber einem Außendienstmitarbeiter durchaus mitgeteilt werden, dann jedoch nicht weitergeleitet und dokumentiert werden. Angesichts des Konkurrenzdrucks und der mangelnden Patente der untersuchten Unternehmen ist eine regelmäßige Beschwerdestimulation nötig, um Möglichkeiten zu finden, sich über guten Kundenservice und angepasste Prozesse und Produktpaletten von der Konkurrenz abheben zu können. Sie findet nur bei knapp 36 Prozent der Unternehmen statt, in knapp 46 Prozent der Fälle immerhin unregelmäßig.

Verbesserungsbedarf gibt es bei der Angabe von Kontaktmöglichkeiten für den Kunden im Beschwerdefall. Die meisten Unternehmen bauen hier auf den persönlichen Kundenkontakt, wie er typisch ist für KMU. Dennoch geben nur zirka 60 Prozent einen Ansprechpartner in schriftlicher Form an. Daher wäre es wünschenswert und auch für alle Unternehmen einfach umzusetzen, auf Rechnungen, Lieferscheinen und der Internetseite klar und deutlich eine Kontaktadresse anzugeben, unter der der Ersteingang einer Beschwerde bearbeitet werden kann. Dies würde auch direkter zum richtigen Ansprechpartner führen. Die niedrige Zahl derjenigen, die die Beschwerde als erstes erreicht hat und die dann letztlich auch der Bearbeiter der Beschwerde sind, zeigt auch, dass es hier Verbesserungspotential gibt. Im Idealfall ist dies natürlich ein Beschwerdemanager, der einen guten Überblick und die nötigen Kompetenzen hat, um Beschwerden schnell und effizient zu bearbeiten. Die häufige Bearbeitung durch die Geschäftsleitung und die Entscheidung von Fall zu Fall, wer der richtige Bearbeiter ist, zeigt jedoch, dass die Beschwerde letztlich an der Stelle bearbeitet wird, an der dies situationsabhängig am sinnvollsten ist.

Der direkte Beschwerdeprozess ist oftmals nicht durchgängig, auch nicht in denjenigen Unternehmen, die einen definierten Beschwerdeprozess umsetzen oder einen eigenen Beschwerdemanager beschäftigen. Dies kann zum Teil daran liegen, dass es in KMU durch den oftmals sehr persönlichen Kontakt zwischen Geschäftsleitung und Kunden viele informelle Prozesse gibt. Der Kontakt wird jedoch mit wachsender Größe des Unternehmens tendenziell unverbindlicher, eine schriftliche Information an den Kunden über die Vorgänge im Beschwerdemanagement sollte dann auf jeden Fall erfolgen.

In ca. 45 Prozent der befragten Unternehmen wird ein definierter Beschwerdemanagementprozess in der Praxis umgesetzt. Die so erfassten Beschwerden werden jedoch nur in knapp der Hälfte dieser Unternehmen per Software erfasst und in noch weniger Fällen zu Berichten zusammengefasst. Demgegenüber geben 45 Prozent an, regelmäßig Berichte über Beschwerden zu verfassen, was nur den Schluss zulässt, dass dies zu zwei Dritteln über Aktennotizen und Ähnlichem geschieht. Dies ist nicht nur umständlich und wenig zeitgemäß, es beinhaltet auch die Gefahr, dass die Berichte nicht vollständig sind oder bei Personalwechsel die Informationen nicht mehr richtig ausgewertet werden können beziehungsweise verloren gehen. Außerdem wird eine Überwachung des Beschwerdeprozesses erheblich erschwert. Diese Ergebnisse dürften dann auch auf das Beschwerdecontrolling zutreffen, von dem daher anzunehmen ist, dass es in den meisten Unternehmen nicht systematisch stattfindet.

Etwa 80 Prozent der Unternehmen geben an, schon einmal Produkte oder Geschäftsprozesse durch Nutzung von Beschwerdeinformationen verbessert zu haben. Dieser Umstand unterstreicht, wie wertvoll es für das Unternehmen ist, die in Kundenbeschwerden enthaltenen Informationen ernst zu nehmen. Umso wichtiger ist es, dass der Beschwerdeweg angefangen von der Beschwerdestimulation bis zum Reporting durchgehend klar strukturiert, schriftlich fixiert und im Unternehmen kommuniziert und gelebt wird. Viele dieser Punkte werden in den befragten Unternehmen gut umgesetzt, es mangelt jedoch oftmals an klaren Strukturen und Prozesswegen sowie an der Dokumentation der Ergebnisse, was am Ende zum Nachteil des Unternehmens zum Verlust von wertvollen Informationen führen kann. Wichtig ist es demnach auch für Technologieunternehmen, dass seitens der Unternehmensführung das Bewusstsein für die Wichtigkeit des richtigen Umgangs mit Kundenbeschwerden vorhanden ist. Sie muss ein gutes Beschwerdemanagement vorleben und in die Unternehmensstrategie einfließen lassen. Weiterhin sind ein definierter, schriftlich fixierter Beschwerdeprozess mit klaren Zuständigkeiten, regelmäßigen Kundenbefragungen, einer strukturierten Dokumentation und Auswertungen mit Berichten sowie geschultes Personal wichtig.

6.3 Handlungsempfehlungen für KMU zur Verbesserung ihres Beschwerdemanagementprozesses

Die Ergebnisse der Untersuchung zeigen, dass in den untersuchten Unternehmen sehr unterschiedlich mit Beschwerden umgegangen wird. Wichtig für alle Unternehmen sind folgende fünf Punkte:

1. Durchführung einer regelmäßigen Kundenzufriedenheitsbefragung in anonymer, schriftlicher Form
2. Klare Definition eines Ansprechpartners im Unternehmen für Fragen, Anregungen und Kritik seitens des Kunden, deutliche Präsentation dieser Kontaktadresse auf Rechnung, Lieferschein und Internetseite
3. Eindeutige Definition des direkten Beschwerdeprozesses mit regelmäßiger Information des Beschwerdeführers während des gesamten Beschwerdeprozesses
4. Einheitliche Dokumentation der Beschwerden mit Formblättern, zentralem Speicherort im Unternehmen und klar definierten Zugriffsrechten, besser Verwendung einer professionellen Beschwerdesoftware
5. Regelmäßige schriftliche Zusammenfassungen und Auswertungen der Beschwerden, um langfristig den Überblick zu behalten und den kontinuierlichen Verbesserungsprozess so optimal wie möglich zu gestalten

Letztlich muss jedes Unternehmen selbst sein optimales Beschwerdemanagement implementieren, wobei die ersten beiden Punkte für alle Unternehmensgrößen gelten sollten. Die Ausgestaltung der Punkte drei bis fünf ist sehr von den individuellen Gegebenheiten in den Unternehmen abhängig, sollte jedoch in angepasster Form umgesetzt werden. Eine Hilfe für Unternehmen, die einen klaren Beschwerdemanagementprozess einführen möchten, ist die erwähnte ISO 10002. Sie enthält neben konkreten Handlungsempfehlungen eine Checkliste, an der sich insbesondere KMU bei der Einführung eines strukturierten Managementprozesses orientieren können.

7 Zusammenfassung

Ziel dieser Arbeit ist es, einen aktuellen Überblick über das Beschwerdemanagement in KMU der Branchen Biotechnologie, Medizintechnik und Umwelttechnik zu erhalten. Einerseits soll die Frage beantwortet werden, wie gut der Beschwerdeprozess in die Unternehmen integriert ist und auch umgesetzt wird. Andererseits wird eine mögliche Korrelation dieser Daten mit den Informationen über die Firmen untersucht.

Am Anfang der Arbeit erfolgte eine ausführliche Definition der relevanten Begriffe. Eine Beschwerde schließt demnach in der vorliegenden Arbeit eine Reklamation ein. Als Beschwerde gilt nur eine Beschwerde von Kunden des Unternehmens, nicht von anderen Anspruchsgruppen. Der Begriff KMU wurde mangels einheitlicher Definition in der Literatur für diese Arbeit separat festgelegt, er lehnt sich weitgehend an die Definition der EU-Kommission an. Damit gehört in dieser Arbeit ein Unternehmen zu den KMU, wenn es nicht mehr als 250 Mitarbeiter und nicht mehr als 50 Mio. Euro Umsatz im Jahr 2012 hatte. Weiterhin wurden die Tätigkeitsfelder der untersuchten Branchen betrachtet. So befassen sich Biotechnologie-Unternehmen mit der Nutzung von biologischen Vorgängen für industrielle Zwecke. Medizintechnikunternehmen entwickeln und verkaufen technische Geräte oder Verfahren im medizinischen Bereich und Umwelttechnikunternehmen befassen sich mit der technischen Unterstützung von Vorgängen, die dem Umweltschutz dienen. Im Begriff „Branche" sind hierbei auch Dienstleister oder Händler inbegriffen.

Ziel eines funktionierenden Beschwerdemanagementsystems ist es, im Rahmen des Kundebeziehungsmanagements individuell auf das Anliegen des Kunden einzugehen, das Problem zu seiner Zufriedenheit zu lösen und die daraus ableitbaren Informationen unternehmensintern zur Verbesserung von Geschäftsprozessen und Produkten zu nutzen. Voraussetzung für ein gutes Beschwerdemanagement ist eine strategisch und organisatorisch umgesetzte, beschwerdefreundliche Unternehmenskultur. Aufbauorganisatorisch kann das Beschwerdemanagement im Unternehmen in unterschiedlichen Bereichen angegliedert sein, in der Regel ist es direkt bei der Geschäftsleitung, im Qualitätsmanagement, bei Marketing oder Vertrieb angesiedelt.

Wichtig ist im Hinblick auf Beschwerden ausgebildetes Personal. Manche Unternehmen beschäftigen einen geschulten Beschwerdemanager, der professionell und individuell Beschwerden bearbeitet. Technologisch gesehen ist eine professionelle Beschwerdesoftware im Unternehmen empfehlenswert, da hiermit der gesamte Beschwerdeprozess abgebildet werden kann, was die klare Definition von Prozessschritten und Zuständigkeiten sowie die Überwachung der Beschwerdevorgänge und die Auswertung der Ergebnisse erheblich vereinfacht.

Die Norm ISO 9001 verlangt vom Unternehmen einen kundenorientierten Prozess zur Beschwerdeabwicklung im Unternehmen, ohne konkrete Vorgaben zu machen. Einen Leitfaden für ein professionelles Beschwerdemanagement auch in KMU enthält die Norm ISO 10002:2005, nach der sich ein Unternehmen jedoch nicht zertifizieren lassen kann. Für Medizintechnikunternehmen gibt es die spezielle Norm ISO 13485, die den Handel mit Medizinprodukten regelt und nach der Medizintechnikunternehmen zertifiziert sein müssen.

In Kapitel 3 wird der Beschwerdeprozess erläutert. Er besteht aus einem direkten und einem indirekten Teil. Im direkten Teil erfolgen Beschwerdestimulation sowie Annahme, Bearbeitung und Reaktion auf die Beschwerde. Sinnvoll ist nach diesem Vorgang noch eine Beschwerdezufriedenheitsumfrage. Dieser Teil findet mit Kundenkontakt statt. Der indirekte Teil besteht aus Auswertung, Controlling, Reporting der Beschwerden sowie letztlich der Informationsnutzung. Dieser Teil findet innerhalb des Unternehmens ohne Kundenkontakt statt.

Im nächsten Teil der Arbeit wurden die Ergebnisse von Studien zum Thema Beschwerdemanagement in Deutschland vorgestellt. In der jüngeren Vergangenheit gab es zwei große Studien zum Thema Beschwerdemanagement in deutschen Unternehmen: Im Jahr 2003 untersuchten Bernd Stauss und Andreas Schöler in ihrer Studie „Complaint Management Excellence" den Umgang mit Beschwerden in deutschen Großunternehmen. Weiterhin veröffentlichten Christian Homburg und Andreas Fürst im Jahr 2003 die Studie „Beschwerdemanagement in deutschen Unternehmen: Eine branchenübergreifende Erhebung des State of Practice". Datengrundlage waren Befragungen bei größeren Unternehmen im B2C-Bereich zum Thema Beschwerdeprozess. Als allgemeines Ergebnis dieser Studie kann festgestellt werden, dass die Wichtigkeit eines funktionierenden Beschwerdeprozesses von den meisten Unternehmen erkannt wird, die Umsetzung zum Zeitpunkt der Erhebung dennoch oftmals lückenhaft und sehr unternehmensindividuell stattfand. Nachteil dieser Studien ist, dass die Ergebnisse nur bedingt auf die vorliegende Arbeit übertragbar sind, da die untersuchten Unternehmen zum großen Teil keine KMU waren und hauptsächlich der B2C-Sektor untersucht wurde. Zudem waren diese Studien zum Zeitpunkt der Erstellung dieser Arbeit bereits zehn Jahre alt und angesichts der technischen Entwicklungen im letzten Jahrzehnt in allen Bereichen veraltet, die technologische Aspekte beinhalten.

Nach einem Überblick über die Besonderheiten von KMU in Deutschland und den B2B-Bereich im Hinblick auf das Beschwerdemanagement folgte in Kapitel 5 die Ist-Analyse des Beschwerdemanagements in Technologieunternehmen der Branchen Biotechnologie, Medizintechnik und Umwelttechnologie. Zuerst erfolgte ein Überblick über die drei untersuchten von KMU geprägten relativ jungen Technologiebranchen, danach die Ergebnisse der Befragung mit Angabe der Datenquellen, Erläuterung der Methode und des Aufbaus des Fragebogens. Nach der Darstellung der Ergebnisse wurden diese zusammengefasst und kritisch betrachtet.

Für die Befragung wurde ein Fragebogen mit maximal 29 Fragen für den Befragten an 1.117 Unternehmensvertreter geschickt, von denen letztlich 120 beantwortete Fragebögen ausgewertet wurden. Dabei wurden Fragen zu Daten der Unternehmen wie Umsatz und Mitarbeiterzahl im Jahr 2012, Branchenzugehörigkeit, Marktstellung und Kundenstruktur mit Fragen zum direkten und indirekten Beschwerdeprozess sowie dem Beschwerdemanagement allgemein verknüpft.

Die meisten der meist international tätigen KMU, die den Fragebogen ausgefüllt haben, gehören zu den kleinsten oder kleinen Unternehmen. Sie hatten demnach nicht mehr als 49 Mitarbeiter und nicht mehr als 10 Mio. Euro Umsatz im Jahr 2012. Sie sind fast alle im B2B-Bereich tätig, ein Viertel der Firmen hat zusätzlich zu seinen Geschäftskunden noch Privatkunden. Von den Geschäftskunden sind die Hälfte Händler (zwei Drittel Großhändler, ein Drittel Einzelhändler). Weiterhin sind die Firmenkunden etwa zur Hälfte weiterverarbeitende Kunden und zu 70 Prozent Endverbraucher.

Über 80 Prozent der Firmen geben an, ihre Kunden zumindest unregelmäßig nach der Zufriedenheit mit ihrem Unternehmen zu fragen. Damit ist in vielen Unternehmen die Basis für ein funktionierendes Beschwerdemanagement gelegt, eine Regelmäßigkeit der Befragung ist dennoch anzuraten. Fast alle Unternehmen geben an, selten Beschwerden zu bekommen. Dabei teilen knapp zwei Drittel der Unternehmen dem Kunden im persönlichen Gespräch mit, an wen er sich im Beschwerdefall wenden kann. Zwei Drittel der Unternehmen informieren den Kunden hierüber auf Rechnung, Lieferschein oder Internetseite. Gut zwölf Prozent geben dem Kunden diesbezüglich keine Informationen. Eine klare Information diesbezüglich sollten alle Unternehmen dem Kunden schriftlich auf Rechnung, Lieferschein oder Internetseite anbieten. Weiterhin ist zu bedenken, dass eine geringe Anzahl an Beschwerden nicht zwangsläufig bedeutet, dass die Kunden keine Beschwerden äußern. Es besteht die Möglichkeit, dass durch mangelhafte Kommunikation und Dokumentation vom Kunden geäußerte Beschwerden nicht bis zu den Funktionsbereichen im Unternehmen gelangen, die darauf angemessen reagieren können.

Beschwerdegründe betreffen in den meisten Fällen ein Produkt oder einen Geschäftsprozess, seltener sonstige Gründe, den Service oder zwischenmenschliche Probleme. Dabei beschweren sich die meisten Kunden als erstes telefonisch beim Vertrieb oder bei der Geschäftsleitung, insgesamt haben die ersten Ansprechpartner sehr unterschiedliche Funktionen in den einzelnen Unternehmen, was auf den sehr individuellen Aufbau von KMU zurückzuführen ist. Der letztliche Bearbeiter der Beschwerde wird meistens von Fall zu Fall bestimmt oder gehört zur Geschäftsleitung. Ein kleiner Teil wird auch von einem Beschwerdemanager mit naturwissenschaftlich-technischer Ausbildung oder im Qualitätsmanagement bearbeitet.

In 45 Prozent der befragten Unternehmen existiert ein definierter Beschwerdeprozess, der in den meisten Fällen auch umgesetzt wird. Andererseits existiert er in den verbleibenden Unternehmen nicht. Der komplette direkte Beschwerdeprozess wird nur in einem guten Drittel der Unternehmen abgebildet.

Auch die Dokumentation der Beschwerden erfolgt lediglich in knapp 20 Prozent der Unternehmen per Software, nur in der Hälfte von diesen mit professioneller Beschwerdemanagementsoftware. Dagegen geben 45 Prozent der Unternehmen an, regelmäßige Berichte über die eingehenden Beschwerden zu verfassen, was nur den Schluss zulässt, dass ein großer Teil hiervon die Beschwerden per Aktennotiz oder Ähnlichem archiviert. Dies erschwert das umfassende Beschwerdecontrolling und Beschwerdereporting erheblich. Über die Hälfte der Unternehmen erstellen keine Übersicht über ihre Beschwerden.

Signifikante Korrelationen über die genannten Ergebnisse hinaus konnten in den vorliegenden Datensätzen nicht gefunden werden.

Zusammenfassend kann man sagen, dass der Beschwerdeprozess in den KMU der untersuchten Branchen ein überwiegend unternehmensindividueller, oftmals nicht ausreichend strukturierter Vorgang ist. Dies deckt sich auch mit den Ergebnissen der in Kapitel 4.1 vorgestellten Studien. Hierbei muss berücksichtigt werden, dass KMU meistens einen engen persönlichen Kontakt zum Kunden haben, sodass der Beschwerdevorgang aus Sicht von Kunde und Unternehmen durchaus zufriedenstellend ablaufen kann. Allerdings kann die für KMU typische Koordination der Geschäftstätigkeiten ohne Formalitäten und Spezialisierungen bei steigender Komplexität oder steigender Mitarbeiterzahl zu Problemen führen (s. Kapitel 4.2). Eine genaue Analyse und Optimierung des bestehenden Beschwerdemanagements kann daher einen besseren Ablauf aus Kundensicht und mehr gut dokumentierte Informationen aus Unternehmenssicht liefern.

Quellenverzeichnis

Brock, Christian (2011) u. a.:
Kundenbindung von Noncomplainern: Neue Aspekte des Beschwerdemanagement, Zeitschrift für Betriebswirtschaft 81, S. 57–76.

Brock, Christian (01/2010) u. a.:
Beschwerdemanagement im B2B-Sektor: Replikation und Erweiterung, Die Betriebswirtschaft, S. 27.

Förstner, Ulrich:
Umweltschutztechnik, 8., neu bearbeitete Auflage, Berlin/Heidelberg 2012.

Foyer, Caroline:
Beratungsbedarf und Beratungsverhalten kleiner und mittlerer Unternehmen, Bayreuth 2012.

Fürst, Andreas:
Beschwerdemanagement, Gestaltung und Erfolgsauswirkungen, Wiesbaden 2005.

Graebig, Klaus:
Kundenzufriedenheit, Erläuterungen und Originaltexte DIN ISO 10001, DIN ISO 10002 und DIN ISO 10003, Berlin, Wien, Zürich 2006.

Gruber, Thorsten (2010) u. a.:
Complaint resolution management expectations in an asymmetric business-to-business-context, Journal of Business & Industrial Marketing, Band 25, Ausgabe 5, S. 360–371.

Helmke, Stefan/Uebel, Matthias/Dangelmaier, Wilhelm:
Effektives Customer Relationship Management, Darstellung und Bedeutung des Kunden-lebenszeitwerts im Business to Business-Marketing, Wiesbaden 2013.

Hofbauer, Günter/Schöpfel, Barbara:
Professionelles Kundenmanagement, Erlangen 2010.

Homburg, Christian/Fürst, Andreas:
Beschwerdemanagement in deutschen Unternehmen, eine branchenübergreifende Erhebung des State of Practice, Mannheim 2003.

Homburg, Christian/Fürst, Andreas:
Complaint Management Excellence – Leitfaden für professionelles Beschwerdemanagement, Mannheim: Institut für Marktorientierte Unternehmensführung 2003.

Homburg, Christian/Fürst, Andreas:
Beschwerdeverhalten und Beschwerdemanagement, eine Bestandsaufnahme der Forschung und Agenda für die Zukunft, Mannheim 2006.

Keuper, Frank:
Internationalisierung deutscher Unternehmen, Strategien, Instrumente und Konzepte für den Mittelstand, Wiesbaden 2009.

Kuckartz, Udo:
Evaluation Online, Internetgestützte Befragung in der Praxis, Wiesbaden 2009.

Kukat, Frank:
Beschwerdemanagement in der Praxis, 1. Auflage, Düsseldorf 2005.

Linß, Gerhard:
Qualitätsmanagement für Ingenieure, 3. aktualisierte und erweiterte Auflage, München 2011.

Mietzsch, Andreas:
BioTechnologie. Das Jahr- und Adressbuch 2013, 26. Jahrgang, Berlin 2012.

Pilz, Gerhard:
Biotechnologie, Anwendung, Branchenentwicklung, Investitionschancen, München 2010.

Ratajczak, Oliver:
Erfolgreiches Beschwerdemanagement, Wege zu Prozessverbesserungen und Kundenzufriedenheit, 1. Auflage. Wiesbaden 2010.

Reinemann, Holger:
Mittelstandsmanagement, Einführung in Theorie und Praxis, Stuttgart 2011.

Schneider, W.:
Profitable Kundenorientierung durch Customer Relationship Management (CRM), München 2008.

Stauss, Bernd/Schöler, Andreas:
Beschwerdemanagement Excellence, State-of-the-Art und Herausforderungen der Beschwerdemanagement-Praxis in Deutschland, Wiesbaden 2003.

Stauss, Bernd/Seidel, Wolfgang:
Beschwerdemanagement, 4. vollständig überarbeitete Auflage, München 2007.

Schmitt-Rüth, Stephanie/Esslinger, Susanne/Schöffski, Oliver:
Der Markt für Medizintechnik, Analyse der Entwicklungen im Wandel der Zeit, Burgdorf 2007.

Sonstige Quellen

Bayerische Gesellschaft für internationale Wirtschaftsbeziehungen mbH:
Key Technologies in Bavaria – die bayerische Firmendatenbank. München 2013. URL: http://www.bayern-international.de/aktiv-in-bayern/key-technologies-in-bavaria/Stand 3.2.2013.

Bayerisches Staatsministerium für Wirtschaft, Infrastruktur, Verkehr und Technologie (Hg.):
Cluster-Offensive Bayern. Im Netzwerk zum Erfolg. München 2012. Abrufbar im Internet. URL: http://www.cluster-bayern.de/fileadmin/Web-Dateien/Dokumente/wirtschaft/Cluster_Offensive_Bayern_2012.pdf. S. 22, Abgerufen am 27.6.2013.

Bayerisches Staatsministerium für Wirtschaft, Infrastruktur, Verkehr und Technologie (Hg.):
Publikation: Healthcare in Bavaria. Invest in Bavaria. München 2013. Abrufbar im Internet. URL: http://www.invest-in-bavaria.com/fileadmin/media/documents/publications/Sectors/Healthcare_in_Bavaria_deutsch.pdf. S. 10. Stand 4.7.2013.

BIO M Biotech Cluster Development GmbH (Hg):
Biotech in Bavaria – Rollercoaster to Innovation Report 2012/13. München 2013. Abrufbar im Internet. URL: http://www.bio-m.org/fileadmin/user_upload/Publikationen/2012-13_Bavarian_Biotech_Report.pdf. S. 8f. Abgerufen am 27.6.2013.

Biocom AG:
Was ist Biotechnologie? 2013. URL: http://www.biotechnologie.de/BIO/Navigation/DE/Hintergrund/basiswissen.html. Stand 24.5.2013.

Bundesministerium für Gesundheit:
Was sind Medizinprodukte? 2013. URL: http://www.bmg.bund.de/gesundheitssystem/medizinprodukte/definition-und-wirtschaftliche-bedeutung.html.
Stand 27.6.2013.

Bundesministerium der Justiz:
Handelsgesetzbuch (2013). Abrufbar im Internet. URL: http://www.gesetze-im-internet.de/hgb/__267.html. Stand 26.6.2013.

Bundesministerium der Justiz:
Handelsgesetzbuch (2013). Abrufbar im Internet. URL: http://www.gesetze-im-internet.de/hgb/__267a.html. Stand 26.6.2013.

Bundesministerium der Justiz:
Handelsgesetzbuch (2013). Abrufbar im Internet. URL: http://www.gesetze-im-internet.de/hgb/__268.html. Stand 26.6.2013.

Bundesministerium für Umwelt, Naturschutz und Reaktorsicherheit (Hg.):
Green Tech made in Germany 3.0. Umwelttechnologieatlas für Deutschland. Berlin 2012. Abrufbar im Internet. URL: http://www.bmu.de/fileadmin/bmu-import/files/pdfs/allgemein/application/pdf/greentech_3_0_bf.pdf. Abgerufen am 7.7.2013.

Bundesverband Medizintechnologie e. V. (Hg.):
Branchenbericht Medizin-technologien 2013. Berlin 2012. Abrufbar im Internet. URL: http://www.bvmed.de/stepone/data/downloads/dc/ed/00/branchenbericht 2013_04.pdf. Stand 9.4.2013, abgerufen am 7.7.2013.

CHEMIE.DE Information Service GmbH (Hg.):
Lexikon Medizintechnik. 2013. URL: http://www.bionity.com/de/lexikon/Medizintechnik.html. Stand 24.5.2013.

dict.md medical dictionary:
Definition Umwelttechnik. 2013. URL: http://de.dict.md/definition/Umwelttechnik. Stand 24.5.2013.

Europäische Gemeinschaften, Amt für Veröffentlichungen der EU (Hg.):
Die neue KMU-Definition: Benutzerhandbuch und Mustererklärung. 2006. Abrufbar im Internet. URL: http://ec.europa.eu/enterprise/policies/sme/files/sme_defini tion/sme_user_guide_de.pdf. Stand 26.6.2013.

Quellenverzeichnis

Forum MedTech Pharma e. V.:
Der Medizintechnik-Standort Bayern. Branchenstruktur Medizintechnik in Bayern 2012. Nürnberg 2013. URL: http://www.medtech-pharma.de/deutsch/branchen-infos/standort-bayern/standort-bayern.aspx. Stand 7.7.2013.

Gerdsmeier, Stefanie:
Ihre Meinung ist uns wichtig. In: Markt und Mittelstand Nr. 7–8, S. 68. Friedberg 2.7.2010. Abrufbar im Internet. URL: http://www.marktundmittelstand.de/archiv/2010/ausgabe-juliaugust-2010/ihre-meinung-ist-uns-wichtig/. Stand 4.7.2013.

Goldecker GmbH, Orhalm 6a, 93177 Altenthann bei Regensburg:
Q-Set. Fragen kostet nichts. URL: www.q-set.de.

Institut für Mittelstandsforschung Bonn:
KMU-Definition des IFM Bonn seit 1.1.2002. URL: http://www.ifm-bonn.org/mittelstandsdefinition/definition-kmu-des-ifm-bonn. Stand 23.5.2013.

Institut für Mittelstandsforschung Bonn (Hg.):
Unternehmensgrößenstatistik 2001/2002. Daten und Fakten. Bonn 2003. Abrufbar im Internet. URL: http://www.ifm-bonn.org/uploads/tx_ifmstudies/IfM-Materialien-157_2003.pdf. Stand 26.6.2013.

International Organization for Standardization:
ISO 13485:2003. Stand 2007. Medical devices/Quality management systems/Requirements for regulatory purposes. URL: http://www.iso.org/iso/iso_catalogue/catalogue_tc/catalogue_detail.htm?csnumber= 36786. Abgerufen am 17.6.2013.

Interview mit Prof. Dr. Bernd Stauss in der Zeitschrift acquisa Special Kundenservice, Vol. 55, Heft 08/2009, S. 60.

Invest in Bavaria- die Ansiedlungsagentur des Freistaates Bayern:
Medizintechnik. München 2013. URL: http://www.invest-in-bavaria.com/branchenvielfalt/medizintechnik.html. Stand 26.6.2013.

Lippold, Björn:
Der Regenbogen der Biotechnologie. 2013. URL: http://www.chemie.de/whitepaper/44283/der-regenbogen-der-biotechnologie.html. Stand 24.5.2013.

Medizinproduktegesetz Stand 19.10.2012:
Zitat § 1 Medizinproduktegesetz. URL: http://www.gesetze-im-internet.de/bundesrecht/mpg/gesamt.pdf. Abgerufen am 24.5.2013.

OECD (Hg.):
Zitat aus: Die OECD in Zahlen und Fakten 2013. Wirtschaft, Umwelt, Gesellschaft. 14.6.2013. Abrufbar im Internet. URL: http://www.oecd-ilibrary.org/economics/die-oecd-in-zahlen-und-fakten-2013_9789264090118-de. S. 184, Stand 26.6.2013.

SAP AG (2013):
Merkmale und Funktionen von SAP CRM. URL: http://www.sap.com/germany/solutions/business-suite/crm/featuresfunctions/key_kontaktcenter.epx. Abgerufen am 13.6.2013.

Statistisches Bundesamt:
Kleine und mittlere Unternehmen, Mittelstand. 2013. https://www.destatis.de/DE/ZahlenFakten/GesamtwirtschaftUmwelt/UnternehmenHandwerk/KleineMittlereUnternehmenMittelstand/KleineMittlereUnternehmenMittelstand.html. Stand 19.6.2013.

Trägerverein Umwelttechnologie-Cluster Bayern e. V.:
Umweltcluster Bayern. Augsburg 2013. URL: www.umweltcluster.net. Stand 17.6.2013.

Verein Deutscher Ingenieure e. V.:
Graue Biotechnologie. 2013. URL: http://www.technik-welten.de/intro/ingenieur-welt/berufsbilder/biotechnologie/biotechnologie/graue-biotechnologie.html. Stand 4.6.2013.

Personenregister

B
Brock, Christian 28, 31

D
Dangelmaier, Wilhelm 14

F
Förstner, Ulrich 11
Foyer, Caroline 29
Fürst, Andreas 27, 28

G
Gerdsmeier, Stefanie 18
Graebig, Klaus 4
Gruber, Thorsten 31

H
Helmke, Stefan 14
Homburg, Christian 27, 28

K
Kuckartz, Udo 39
Kukat, Frank 15

L
Lippold, Björn 9

M
Mietzsch, Andreas 34

P
Pilz, Gerhard 9, 34

R
Ratajczak, Oliver 3

S
Schöler, Andreas 4, 28
Seidel, Wolfgang 3
Stauss, Bernd 3, 28, 31

U
Uebel, Matthias 14

Sachregister

A
Abbruchquote 39
Allgemeine Aussagen 49
Ansprechpartner 39, 51
Anspruchsgruppe 4
aufbauorganisatorisch 13
Aufgaben-Controlling 22
Ausbildung des Beschwerdemanagers 54

B
B2B 1, 28
B2B-Bereich 67
B2B-Sektor 55
B2C 25
Befragung 38
Befragungen, regelmäßige 47
Benchmarking 23
Bericht über Beschwerden 57, 62
Beschwerdeabteilung 54
Beschwerdeannahme 21
Beschwerdebearbeitung 21
Beschwerdecontrolling 54, 68
Beschwerdedefinition 17
Beschwerdeempfänger 53
Beschwerdefortschritt 22
Beschwerdegründe 50, 56, 68
Beschwerdekunde 17
Beschwerdemanagement
   1, 27, 33, 61
– direktes 21
– eine branchenübergreifende Erhebung des State of Practice 27
– in deutschen Unternehmen 27
– in KMU 30
– indirektes 22
– kein durchgängig professionelles 61
Beschwerdemanagement-Controlling 16
Beschwerdemanagement-Excellence-Studie 25
Beschwerdemanagementprozess
– direkter 20
– im B2B-Bereich 31
– indirekter 20
Beschwerdemanagementsoftware 18, 26, 56
Beschwerdemanagementsystem 2, 65
Beschwerdemanager 13, 53, 56
Beschwerdeprozess 58, 66
– definierter 56
– direkter 52, 57, 62, 68
– indirekter 54
– nicht durchgängig 62
Beschwerdereporting 54, 68
Beschwerdestimulation 61
Beschwerdestimulierung 20, 21
Beschwerdeverhalten 58
Beschwerdezufriedenheit 28
Beschwerdezufriedenheitsbefragung 23
Besonderheit 30
Besonderheiten von KMU in Deutschland 67
Betrachtung, kritische 59, 61
Biotechnologie 9, 33
– gelbe 9
– graue 9
– grüne 9
– rote 9
– weiße 9
Branche 42

C
Complaint Management Excellence 25
Controlling 26
Customer Care Management 14
Customer Relationship Management 1

D
Datenbank 59
Datenquelle 38
Definition 5, 6, 9, 10, 11
– der relevanten Begriffe 65
DIN 13485 19
DIN ISO 10002:2005 19

E
Eckdaten 40
Einordnung 13
Empirische Studien 15
Ergebnis 40, 61
Ergebnisse von Studien 66
Ersteingang der Beschwerde 52, 56
Europäische Kommission 6
Evidenz-Controlling 22

F
Fachportale im Internet 18
Familienunternehmen 8
Fragebogen 59, 67
Freiwilligkeit 39

G
Geschäftsführung 57
Geschäftskunden 46
Geschäftsprozesse 57
Geschäftstätigkeit, internationale 45

H
Handlungsempfehlung 59, 63
HGB 5
High-Tech-Cluster 37

I
Institut für Mittelstandsforschung 6
ISO 9001 19
ISO Norm 10002:2005-04 30
ISO-Zertifizierung 55, 60
Ist-Analyse 33, 67

J
Jahresarbeitseinheit 7
Jahresumsatz 40
Jahresumsatz und Mitarbeiterzahl 55

K
Kapitalgesellschaft 5
Kennzahl 22
Key Technologies in Bavaria 38
KMU 5, 6, 29, 55, 67
– deutsche 30
Konkurrenz 43, 58
Kontaktmöglichkeit 56
Kosten 16
Kosten-Nutzen-Controlling 22
Kundenbefragungen und Kundeninformation 47
Kundenbindung 14
Kundenbindungs- und Kundenbeziehungsmanagement 4
Kundenkontakt 59
– enger 30
Kundenkritik 26
Kundenloyalität 4
Kundenstruktur 46
Kundenzufriedenheit 14
Kundenzufriedenheitsbefragung 49, 60

L
Lieferant 28
Link zum Fragebogen 39

M
Markt, internationaler 30
Marktstellung 43
Medien, soziale 18
Medizinprodukte 10
Medizinproduktegesetz 10
Medizintechnik 10, 35
Methode 38
Mitarbeiterzahl 41
Mittelstand, wirtschaftlicher 8

Sachregister

N
Nachkaufphase 14
Nähe zum Kunden 61
Norm ISO 13485 10
Norm ISO 9001 66

O
Online-Fragebogen 38

P
Partner 17
Patentschutz 55
Personal, ausgebildetes 66
Personalkapazität 16
personalpolitisch 17
Potenzial, strategisches 16
Praxis 62
Privatkunden 46
Produkte 57
Produkte oder Geschäftsprozesse 62
– verbessert 62
Professionalität 27

Q
Qualitätsmanagement 4, 10, 27, 55
Qualitätsnorm ISO 9001 10
Querulant 16, 25

R
Reklamation 3
Reporting 16, 26
Risikomanagement 19
Rubrik „Sonstiges" 60
Rücklaufquote 39, 40

S
SAP CRM-Modul 18
Social Media 26
Software 53, 57, 68
Spitze des Unzufriedenheits-Eisbergs 15

Standardisierung des Beschwerdeprozesses 17
Standardsoftware 28

T
Technologiesektor 26
Top-Management 26

U
Umweltschutz, technischer 11
Umwelttechnik 11, 36
– im Bauwesen 11
Umweltverfahrenstechnik 11
Unternehmen
– mittelgroßes 8
– mittelständisches 8
– teilnehmende 40
Unternehmensbereich 54
Unternehmensgröße 57

V
Verbesserungsbedarf 61
Verbesserungsprozess, kontinuierlicher 15
Verbesserungsvorschlag 22
Voraussetzung 15
– technologische 18

W
Wichtig für alle Unternehmen 63
Wichtigkeit des Beschwerdemanagements 60
Wirtschaftskontakte, internationale 45

Z
Zertifizierung der Unternehmen 43
Ziel 14, 65
Ziele der Befragung 37
Zufriedenheit 47, 55, 67
Zufriedenheitsanalyse 22
Zusammenfassung 65
Zusammenfassung und Bewertung 55

The manufacturer's authorised representative in the EU is Springer Nature Customer Service Centre GmbH, Europaplatz 3, 69115 Heidelberg, Germany. If you have any concerns regarding our products, please contact ProductSafety@springernature.com

Printed and bound by CPI Group (UK) Ltd, Croydon, CR0 4YY
23/03/2026
02076459-0006